旅行・校外学習
大阪見学体験ガイド
散策＆観賞大阪編

■梅田・キタ

■中之島・本町・船場

■天満

■大阪城

■心斎橋・なんば・千日前

■天王寺

■ベイエリア

■大正区・港区のものづくり工場見学会 …50〜57

有限会社 南歯車製作所
成光精密 株式会社
有限会社 飛鳥鉄工所
大阪市港湾局 鶴町機械工場
中村工業 株式会社
株式会社 日本電機研究所
株式会社 木幡計器製作所

鈴木合金 株式会社 鶴町工場
福井精機工業 株式会社
株式会社 ダイカン
紀洋木材 株式会社
株式会社 フィル/WALPA壁紙屋本舗
山忠木材 株式会社
味の素冷凍食品 株式会社 大阪工場

■その他のエリア

■神戸エリア

JN118986

大阪の歴史

　おだやかな瀬戸内海に面した大阪は、天然の良港に恵まれ、古くから朝鮮半島や大陸とも往来があった。難波津（現在の大阪港の古名）からは遣隋使・遣唐使が出発し、周囲はまさに国際交流の一大拠点だったようだ。政治的にも重要な地域だったようで、孝徳天皇2年（645）の「大化の改新」に際して造営された難波長柄豊碕宮（前期難波宮）や、聖武天皇によって副都として造営された後期難波宮など、いくつもの都が造られてきた。現在も、大阪周辺には、令和元年（2019）にユネスコ世界文化遺産に登録された「百舌鳥・古市古墳群」があり、その古墳群のなかでも日本最大「仁徳天皇陵古墳」をはじめとする巨大な古墳や、聖徳太子創建という四天王寺など、古代の繁栄をしのぶ遺跡が伝わっている。

　国の中心である都は、奈良・京都・大阪などを転々とし、京都の平安京に落ち着くまでに度々遷都している。しかし、奈良の大和川や京都の淀川が流れ込む大阪は、その河口として常に重視されてきた。

　平安・鎌倉時代になると、浄土信仰と共に熊野詣が流行する。これにより、天満橋から北浜の南岸にあった渡辺津を起点に四天王寺、住吉大社を経て熊野へと続くコースが成立し、参拝と行楽を兼ねて多くの人々が行き交い、街道の整備も進んでいった。この頃は、陸地に大きくせり出していた河内湖（現在の河内平野）が、沖積作用により埋ってゆき次第に陸地化していった時期でもある。

　こうして、地形的にも現在の大阪に近づいてくるわけだが、今につづく大阪の基盤の成立は、室町時代の本願寺第8世蓮如がきっかけになっている。浄土真宗本願寺の中興の祖ともいえる蓮如は、明応5年（1496）渡辺津に、のちの石山本願寺となる石山御坊の建設をはじめている。もともとは蓮如の隠居坊としてはじまったものだが、蓮如を慕ってここを崇敬する門徒も多かったようだ。次第に、石山本願寺の勢力は、本山であった山科本願寺をも圧倒するほどに成長し、御坊周辺は寺内町として栄えていった。御坊は上町台地の坂にあったことから、あたりは小坂と呼ばれ、現在の地名「おおさか」の語源になったといわれる。

　やがて、天文元年（1532）に京都の山科本願寺が焼失したのちは、石山本願寺が本山となる。石山本願寺は、戦国時代末期になると戦国大名と並ぶ一大勢力ともなり、寺の周囲には、城郭に匹敵する堅固な石垣が巡らされ、織田信長と石山合戦という籠城戦を行ったほどの要塞となった。結果として石山本願寺は信長に敗れ炎上したが、敵から攻められにくく見晴らしがよい上町台地は、信長により「そもそも大坂はおよそ日本一の境地なり」と評されたという。信長の跡を継いだ豊臣秀吉にも天下統一の拠点にふさわしいと見なされたようで、秀吉により石山本願寺跡に大坂城が築城され、城下町大坂が築かれた。

　東横堀川、西横堀川、阿波堀川などが掘られ、海運・水運の拠点として整備が進み、城下に配下の大名の屋敷や日本各地から商人を移住させ、木綿、油、薬種、金属加工業などの産業の集中が図られた。さらに、海外交易にも力を入れ、商人達の中には東南アジアへ向かう者も

いた。しかし、こうした繁栄を見せた大坂も慶長19年（1614）、慶長20年（1615）の大坂冬の陣、夏の陣で焼け野原となったのである。

　大坂が経済都市として発達し「天下の台所」として全国的に名をとどろかせたのは、江戸時代の復興以降のことである。江戸幕府は大坂を直轄地（天領）とし、大坂城の再建をする一方で河川の改修や堀の開削を行った。諸藩も大坂に蔵屋敷を置き、年貢米が続々と運び込まれていった。年貢米の搬送は水路によって行われたため、大坂にはいたるところに水路や橋が巡らされ、八百八橋という名称も生まれた。

　全国からの物資が集まり出荷されていく流通拠点となった大坂は、国際貿易にも結び付いた国内最大の経済都市として栄えていった。なかでも、米は大坂堂島にあった堂島米市場の米相場が全国相場の基準とされていたほどである。商いの隆盛とともに、それを支える町人文化も発展し、竹本義太夫と近松門左衛門とのコンビによる人形浄瑠璃や井原西鶴の『好色一代男』、上田秋成の『雨月物語』といった文芸文化も開花していき、現在では当時の文化をさして元禄文化と呼んでいる。

　学術・教育の面でも大坂の存在は大きく、特に享保9年（1724）に開学した「懐徳堂」と天保9年（1838）に開学した「適塾」は極めて名が高く、また果たした役割も大きい。懐徳堂からは富永仲基や山片蟠桃、適塾からは橋本左内や福沢諭吉、大鳥圭介などと幕末・明治維新を駆け抜けた逸材たちが輩出されている。とくに、緒方洪庵がその住まいに開設した適塾は、蘭学・医学の学問所として発展し、現在の大阪大学の源流の一つとなっている。様々な物資とともに人が集まり、大坂には文芸、文学、教育、学術の花が咲いた。これらの文化は、今も大阪の町に息づいている。

　明治維新後の明治元年（1868）に、新政府はもとの大坂に大阪府を置いた。もともとは大坂と書かれていた「おおさか」が、大阪と書くことを正式とするようになったのは、この頃である。造幣局をはじめとするさまざまな近代工場が設立され、商業都市大阪は、いつの間にか「東洋のマンチェスター」とも呼ばれる大工業都市となっていった。第二次世界大戦では壊滅的な被害を受けたが、いち早く復興を遂げ、昭和45年（1970）には万国博覧会を開催するまでになった。現在では、日本有数の大都会、個性的な文化の発信地、古くからの歴史ある文化都市といった複数の顔をあわせ持つ、エネルギッシュな町として発展を続けている。

　現在の大阪は吉本興業でお笑いの町として知られ、「大阪城」、「造幣博物館」などの歴史スポットのみならず、此花区の人気のテーマパーク「USJ」、梅田のファッションから雑貨、カフェ、レストランなどの「グランフロント大阪」や、天王寺の地上から300mの日本一高いビル「あべのハルカス」、吹田市の「エキスポシティ」など大都市ならではの大型施設も注目を集めており、来る2025年には夢洲にて「いのち輝く未来社会のデザイン」をテーマに55年ぶりに大阪で万博が開かれる予定となっている。

大阪広域図

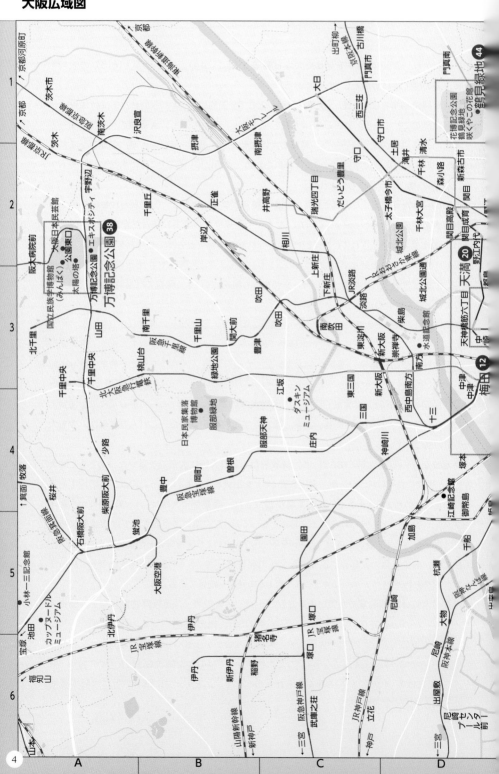

花博記念公園
鶴見緑地
咲くやこの花館
鶴見緑地 **44**

門真南
門真
古川橋
出町柳
京都本線

門真市

大日

京都河原町

京都

茨木市

南茨木
摂津
南摂津
西三荘
守口市
守口
土居
清水
滝井
千林
森小路
新森古市
関目
関目高殿
関目成育 **20**
野江内代

沢良宜

正雀

井高野

瑞光四丁目
だいどう豊里

太子橋今市
千林大宮

北千里
宇野辺
万博記念公園 エキスポシティ 大阪モノレール

国立民族学博物館
大阪日本民芸館
太陽の塔
公園東口 **38**

阪大病院前
万博記念公園 38

千里丘
南辺
相川
南吹田
城北公園
柴島
城北公園通
水道記念館

上新庄
下新庄
JR淡路
淡路
南方
東淀川
新大阪
崇禅寺

天神橋筋六丁目 天満 **20**
中崎 **12**
梅田 **12**
中津

南千里
千里山
関大前
豊津
吹田

山田
千里山
阪急千里線
江坂

三国
東三国
新大阪
西中島南方

北千里
千里中央

桃山台
緑地公園
北大阪急行電鉄

ダスキン
ミュージアム

服部天神
庄内
神崎川
十三

千里中央

日本民家集落博物館
服部緑地

少路
豊中
岡町

園田
加島

塚本
江崎記念館
御幣島

箕面
牧落
桜井
柴原阪大前
阪急箕面線

柴原阪大前
石橋阪大前

蛍池
大阪空港

阪急宝塚線

曽根

豊中

JR宝塚線

尼崎
大物

杭瀬
阪神なんば線

宝塚
池田
福知山
小林一三記念館

カップヌードル
ミュージアム

北伊丹

伊丹
新伊丹
稲野

伊丹

塚口
JR塚口
塚口

園田
加島

福知山
山本

JR宝塚線

山陽新幹線
新神戸
三宮
武庫之荘
阪急神戸線

塚口
JR尼崎
塚口

立花
JR神戸線

尼崎
出屋敷

尼崎センタープール前

三宮
神戸

三宮
神戸

	A	B	C	D

4

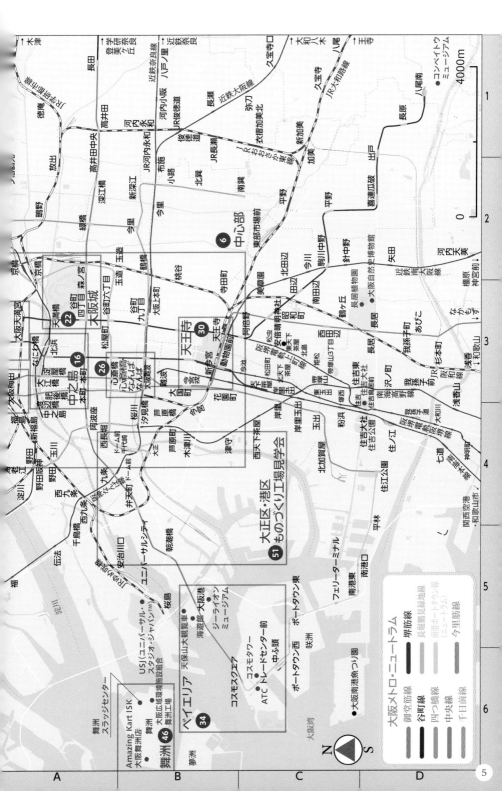

大阪市中心部図

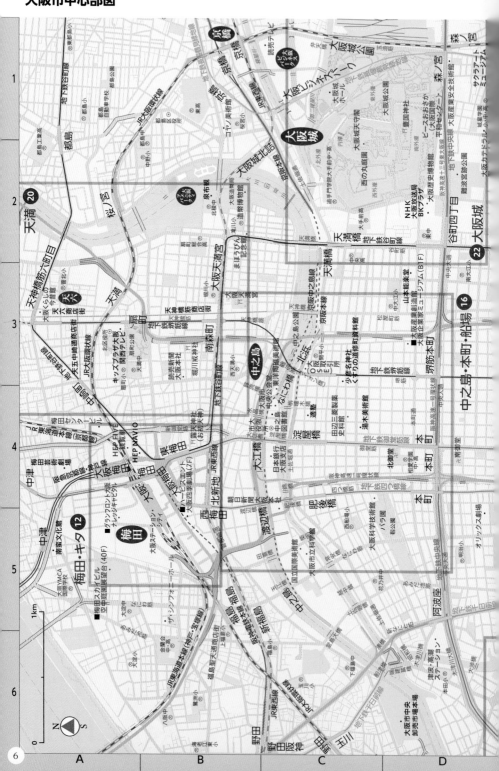

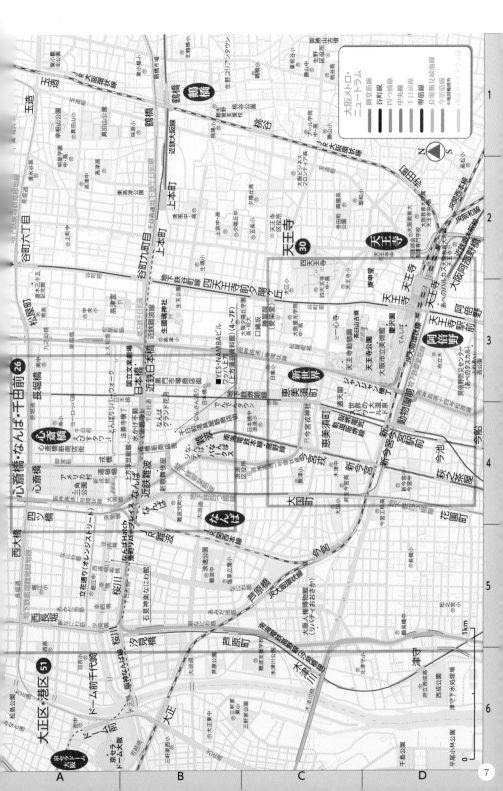

大阪・神戸
鉄道路線図

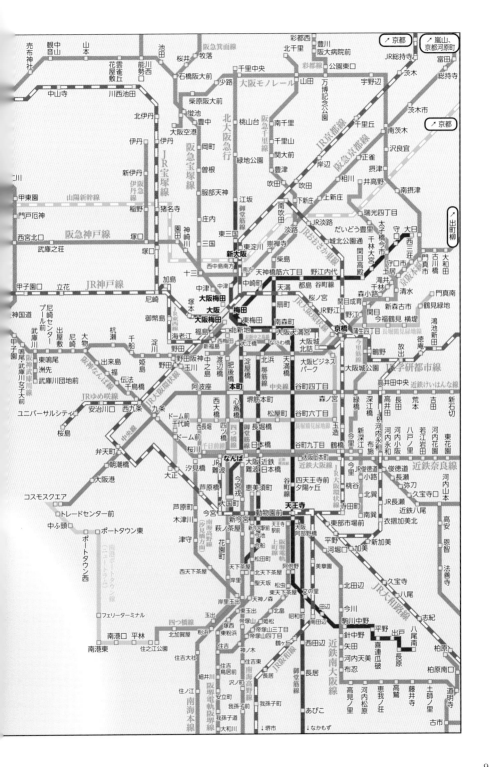

エリア移動早見表

（○分はおよその乗車時間です。乗換・移動時間などは含まおりません。）

目的地 / 出発地	梅田・キタ (P12)	中之島・本町・船場 (P16)	天満 (P20)	大阪城 (P22)
梅田・キタ (P12)		●御堂筋線乗梅田(天王寺方面行)→降淀屋橋(3分) 降本町(5分) ●四つ橋線乗西梅田(住之江公園行)→降肥後橋(1分) 降本町(3分)	●谷町線乗東梅田(大日行)→降天神橋筋六丁目(3分) ●谷町線乗東梅田(八尾南行)→降南森町(2分) ●JR環状線乗大阪(外回り普通)→降天満(2分)	●JR環状線乗大阪(外回り)→降大阪城公園(10分) 降森ノ宮(11分) ●谷町線乗東梅田(八尾南行)→降天神橋筋六丁目(~5分) 降谷町四丁目(6~)
中之島 本町 船場 (P16)	●四つ橋線乗肥後橋(西梅田行)→降西梅田(3分) ●御堂筋線乗淀屋橋(新大阪方面行)→降梅田(3分)		●堺筋線乗堺筋本町(天神橋筋六丁目行)→降天神橋筋六丁目(6~7分)	●中央線乗本町(生駒方面行)→降谷町四丁目(3分) 降森ノ宮(5分)
天満 (P20)	●谷町線乗天神橋筋六丁目(八尾南行)→降東梅田(3分) ●谷町線乗南森町(大日行)→降東梅田(2分) ●JR環状線乗天満(内回り)→降大阪(2分)	●堺筋線乗天神橋筋六丁目(天下茶屋行)→降堺筋本町(7分)		●JR環状線乗天満(外回り)→降大阪城公園(7分) 降森ノ宮 ●谷町線乗南森町(八尾南行)→降谷町四丁目(4分)
大阪城 (P22)	●JR環状線乗森ノ宮(内回り)→降大阪(10分) ●谷町線乗谷町四丁目(大日行)→降東梅田(7分)	●中央線乗谷町四丁目(コスモスクエア行)→降本町(4分)	●谷町線乗谷町四丁目(大日行)→降天神橋筋六丁目(11分) ●JR環状線乗森ノ宮(内回り)→降天満(7分)	
心斎橋 なんば 千日前 (P26)	●御堂筋線乗なんば(新大阪方面行)→降梅田(9分) ●堺筋線乗日本橋(天神橋筋六丁目行)→降南森町 谷町線(大日行)→降東梅田(8分)	●御堂筋線乗なんば(新大阪方面行)→降本町(4分) ●四つ橋線乗なんば(西梅田行)→降肥後橋(5分) ●堺筋線乗日本橋(天神橋筋六丁目行)→降堺筋本町(2分)	●堺筋線乗日本橋(天神橋筋六丁目行)→降南森町(6分) 降天神橋筋六丁目(10分)	●長堀鶴見緑地線乗心斎橋(門真南行)→降森ノ宮(9分) ●堺筋線乗日本橋(天神橋筋六丁目行)→南森町 中央線(生駒方面行)→降谷町四丁目(3分)
天王寺 (P30)	●御堂筋線乗動物園前(新大阪方面行)→降梅田(13分) ●谷町線乗天王寺(大日行)→降東梅田(14分) ●JR環状線乗天王寺(大和路快速)→降大阪(15分)	●御堂筋線乗動物園前(新大阪方面行)→降本町(8分) ●堺筋線乗動物園前(天神橋筋六丁目行)→降堺筋本町(6分)	●谷町線乗天王寺(大日行)→降天神橋筋六丁目(18分) ●堺筋線乗動物園前(天神橋筋六丁目行)→降南森町(10分) 降天神橋筋六丁目(13分)	●谷町線乗天王寺(大日行)→降天神橋筋六丁目(18分) ●JR環状線乗天王寺(内回り)→降森ノ宮(9分)
ベイエリア (P34)	●中央線乗大阪港(生駒方面行)→降本町 乗換御堂筋線(新大阪方面行)→降梅田(16分) ●中央線乗大阪港(生駒方面行)→降弁天町 乗換JR環状線(外回り快速)→降大阪(15分)	●中央線乗大阪港(生駒方面行)→降本町11分)	●中央線乗大阪港(生駒方面行)→降堺筋線(天神橋筋六丁目行)→降南森町(15分)	●中央線乗大阪港(生駒方面行)→降谷町四丁目(14分) 降森ノ宮(17分)
鶴見緑地 (P44)	●長堀鶴見緑地線乗鶴見緑地(大正行)→降谷町四丁目 谷町線(大日行)→降東梅田(26分) ●長堀鶴見緑地線乗鶴見緑地(大正行)→降京橋 乗換JR環状線(内回り)→降大阪(16分)	●長堀鶴見緑地線乗鶴見緑地(大正行)→降森ノ宮 乗換中央線(コスモスクエア行)→降堺筋本町(17分) 降本町(19分)	●長堀鶴見緑地線乗鶴見緑地(大正行)→降京橋 乗換JR環状線(内回り)→降天満(13分) ●長堀鶴見緑地線乗鶴見緑地(大正行)→降京橋 乗換JR東西線(塚口方面行)→降大阪天満宮(13分)	●長堀鶴見緑地線乗鶴見緑地(大正行)→降森ノ宮(13分)

万博記念公園 (P38)	●阪急京都本線乗大阪梅田(京都河原町行準急)→降南茨木 乗換大阪モノレール(大阪空港行)→降万博記念公園(22分)	
ダスキンミュージアム (P43)	●御堂筋線乗梅田(千里中央行)→降江坂(11分)	
日本民家集落博物館 (P43)	●御堂筋線乗梅田(千里中央行)→降緑地公園(14分)	
池田 (P42)	●阪急宝塚本線乗大阪梅田(宝塚行・急行)→降池田(18分)	
舞洲スラッジセンター (P47)	●JR西九条駅から大阪シティバス乗バス停「西九条」2番のりば(81系統・舞洲スポーツアイランド行)→降スラッジミティ舞洲	
Amazing Kart ISK 大阪舞洲店 (P46)	●JR西九条駅から大阪シティバス乗バス停「西九条」2番のりば(81系統・舞洲スポーツアイランド行)→降洲スポーツアイランド	
USJ(ユニバーサルスタジオジャパン)	●JRゆめ咲線乗西九条(桜島行)→降ユニバーサルシティ(5分)	
住吉大社 (P48)	●南海線乗新今宮(和歌山市行)→降住吉大社(7分)	

（その他 出発は梅田・キタエリア）

梅田・キタ

	天満 P20
梅田	
中之島 P16	大阪城 P22

大阪の玄関である梅田・キタは私鉄・地下鉄・バスが集中するターミナル・シティである。オフィスビル・飲食店・デパート・ホテルなどが立ち並び、地下にもぐれば迷宮とも称される人工の街「梅田地下街」が四方八方に延びている。梅田という地名は江戸時代に泥田を埋めた場所であったから「埋田」と書いたが、それでは味気ないので「梅田」という洒落た漢字が当てられたとされている。平成23年(2011)にJR大阪駅に大阪ステーションシティが開業し、「LUCUA 1100(ルクア イーレ)」などファッションビルには平日でも多くの買物客で賑わっている。道頓堀付近のミナミに対してキタとも呼ばれている。

ちょっと

知識

JR以外の駅名は阪神・急・地下鉄と「梅田」使っている。これは明7年(1874)に大阪駅造られた際、それまで間会社が大阪―神戸間鉄道を計画していたが明治政府はそれを許せず、政府主導の国鉄阪駅が誕生させたためその反発から「大阪駅という名前を拒否し親まれている「梅田駅」採用したとされている。※2019年10月より急・阪神は外国人観光のために「大阪梅田駅」に改称している。

JR 大阪駅

大阪ステーションシティ（JR大阪駅）
地図P12B2 P63参照

大阪駅北側地区の再開発事業として工事が進められてきたJR大阪駅は、平成23年（2011）5月4日、大阪ステーションシティとしてリニューアルオープンした。

駅の北側には、ルクア1100、LUCUAの入った「ノースゲートビルディング」が建つ。10〜14階には、憩いの休息場として風の広場、天空の農園などがあり、梅田スカイビルなどを見渡せる展望がすばらしい。駅南側には大丸やホテルグランヴィア、レストランなどが入った「サウスゲートビルディング」が建つ。大阪の新しい玄関口となる1階南ゲート広場壁面には水の糸が時を刻む「水時計」があり、中へ進んだ旅立ちの広場では明治7年（1874）の大阪駅の開業時に発車合図に使用された「時鐘（じしょう）」が楽しめる。

南北のビルと駅ホームをつなぐ橋上駅屋上の広場は、鉄道の象徴「時」を刻む金時計・銀時計が設置された時空（とき）の広場となっており、近未来的な建築の駅舎全体を見渡すことができる。

大阪ステーションシティ　時空（とき）の広場

グランフロント大阪
地図P12B1 P64参照

かつて大阪駅北側にあった梅田貨物駅。この再開発が近年行われており、総面積約24haという広大な跡地が、大阪最後の一等地「うめきた」である。再開発は1期・2期に分かれていて、グランフロント大阪は1期部分7haに立つ複合商業施設である。南館（タワーA）、北館（タワーB・タワーC）に分かれていて、ショッピングモールやレストラン・カフェ、オフィス、ホテル、コンベンション・センター、劇場、超高層マンションから構成される。

また、グランフロント大阪各所を結ぶ道は、ただの通路ではなく、人の交流や賑わいを創造する広場や歩道空間として整備されている。特に南館のそば、大阪駅北口正面に広がる「うめきた広場」は、そこに面した多目的ホールうめきたSHIPホールとともに文化の発信拠点としても注目だ。

「うめきた」には2期17haがまだ控え、将来的な構想として、地下鉄延伸に伴う新駅開業なども予定されている。

梅田スカイビル空中展望台
地図P12A1 P62参照

大阪が誇るランドマーク「梅田スカイビル」の屋上にある空中庭園展望台。

完全屋上開放型の展望台でシースルー式のエレベーターとエスカレーターを乗り継ぎ行くと地上173m・視界360度の大パノラマ。風に吹かれながら大阪の街を一望できる絶景スポットである。その眺めは日本の夕陽100選に選ばれたこともある。

カフェがあるので、絶景を眺めながら、美味しいケーキやソフトクリーム、梅田スカイビルを象（かたど）った焼きたてのワッフルなどを食べながら休憩することもできる。

また、ここにはショップもあり、お土産のお菓子はもちろんのこと梅田スカイビルや空中庭園展望台をコンセプトにしたオリジナルグッズ、カップルの名前を刻印してくれるハートのストラップなども販売されている。

アクティブラボ

HEP　FIVE 観覧車
地図 P12C1 P66 参照

大阪・梅田の中心に位置しショップ、レストラン、アミューズメントパークなどが集合する商業施設。"HEP" は Hankyu Entertainment Park（阪急エンターテインメント・パーク）の頭文字からとった名称である。直径 75 m、最上部の高さ約 106 m、ビルの上部に見える真っ赤な姿の観覧車は、HEP FIVE の目印以上に、梅田のシンボルになっている。

ビルの 7 階から搭乗し、ゴンドラは屋上を抜けて地上 106 m まで上昇。

大阪の中心部はもちろん、天気の良い日は南に大阪城や通天閣、西に大阪湾や明石海峡大橋など関西の名所を一望する事ができる。

52 台ある 4 人乗りのゴンドラの車内は、冷暖房も完備。快適に1周約 15 分の空中散歩を楽しめる。また、夜に搭乗すると昼間の景観とは違ったロマンチックな大阪の夜景を見ることもできる。

ナレッジキャピタル（グランフロント大阪内）
地図 P12B1 P66 参照

　グランフロント大阪の中核施設「ナレッジキャピタル」は、人と人、人とモノ、人と情報の交流により、今までにない商品やサービスなど「新たな価値」を創出すること目的とした複合施設。施設には大小のオフィス、サロン、ラボ、ショールーム、シアターなどが揃っており、展示やワークショップ、セミナーなどのイベントがほぼ毎日開催されている。B1F～3Fを占める「The Lab.みんなで世界一研究所」は、子供から大人までが驚きの先端技術を触れて、体験して、語り合うことができる交流施設になっている。企業や大学などが製品化する前のアイデアや試作品に触れたり、体験することができ、感性を磨く場所として活用できる。また、他にも近未来を提案する「フューチャーライフショールーム」などの見学体験施設が充実しており、土日祝には施設内をコミュニケーターが解説してくれるナレッジキャピタルツアーも行われている。

露天神社（お初天神）
地図P12C3 P65 参照

　御祭神は 少彦名大神や菅原道真公等。縁結び、商売繁盛、交通安全の社としても有名。創建は1300年以上 遡るといわれ、社名の由来には諸説がある。道真が左遷で太宰府へ向かう途中、ここで都を偲びながら涙したことにちなむ

とも、梅雨のころ社前の井戸から水がわき出たためともいわれている。

　元禄16年（1703）4月7日に境内で実際にあった心中事件を題材として、近松門左衛門が人形浄瑠璃『曽根崎心中』を書き、そのヒロインであるお初の名前を取り「お初天神」とも呼ばれるようになった。

　この話が大評判になり大勢の参拝者が訪れたという。現在も、恋の成就を願う多くの人々が訪れている。毎月第1・第3金曜日には、「お初天神蚤の市」が開かれ、特色ある古物商約30～40店が軒を並べる。

歳時記大阪

天神祭

万灯供養

◆1月9日〜11日 … 十日戎 今宮戎神社〈30A1〉
◆1月14日………… どやどや 四天王寺〈30C1〉
◆2月〜3月上旬
　…大阪城公園梅林見ごろ 大阪城公園梅園〈22B2〉
◆3月上旬〜中旬
　… 大相撲春場所 エディオンアリーナ大阪〈26A4〉
◆3月下旬〜4月中旬 桜まつり 万博記念公園〈4A2〉
◆4月上旬 ……………… 花まつり 北御堂〈16C3〉
◆4月中旬の一週間
　………造幣局の桜の通り抜け 造幣局〈20C3〉
◆4月22日………… 聖霊会 四天王寺〈30C1〉
◆5月中旬〜下旬 バラ園見頃 中之島公園〈16上部〉
◆5月下旬〜6月中旬
　……………… 城北菖蒲園開園 城北公園〈4D2〉
◆6月30日〜7月2日
　……………… 愛染祭 勝鬘院（愛染堂）〈30C1〉
◆7月11日・12日
　……………… いくたま夏祭り 生國魂神社〈7B3〉
◆7月24日・25日
　…… 天神祭 大阪天満宮及び大川周辺〈20B3〉

◆海の日（7月第3日曜）〜8月1日
　………………………… 住吉祭 住吉大社〈5D3〉
◆8月9日〜16日
　……………… 万灯供養 四天王寺〈30C1〉
◆9月第1土曜・日曜
　……………… 彦八まつり 生國魂神社〈7B3〉
◆中秋日………………… 観月祭 住吉大社〈5D3〉
◆10月25日
　……… 秋大祭 流鏑馬神事 大阪天満宮〈20B3〉
◆11月頃
　… 御堂筋オータムパーティ（御堂筋ランウェイ・他）
　　　御堂筋（本町〜心斎橋）〈6D4〜7A4、他〉
◆11月22日・23日 … 神農祭 少彦名神社〈16D3〉
◆11月〜翌年1月頃
　…大阪・光の饗宴（御堂筋イルミネーション・
　　OSAKA光のルネサンス・他）
　　　御堂筋（本町〜難波）〈6D4〜7B4〉、中之島〈16上
　　部〉、他

城北菖蒲園

住吉祭

梅林

十日戎

中之島公園バラ園

15

中之島・本町・船場

ほんまち せんば

梅田 P12 / 天満 P20 / 中之島 大阪城 P22 / □心斎橋 P26

天神橋の東で堂島川と土佐堀川に分れた淀川が、川下の船津橋辺りで合流する間の約 3.5km の細長い島を中之島と呼ぶ。明治 24 年（1891）に大阪初の都市公園が整備され、市民の憩いの場として親しまれた。島内には日本銀行大阪支店・図書館・中央公会堂など洋風建築が立ち並ぶ一方、中之島フェスティバルタワーなど大阪屈指のオフィス街としても発展しており、行政・文化・経済の中心地といえる。船場は豊臣秀吉が大坂城の城下町の経営のために川を掘って船便と商人を集めたのが始まりといわれる。※諸説あり　その後、船場周辺には船宿、料亭、呉服店、金物屋などが軒を連ね、大阪の流通の中心地として栄えた。第二次世界大戦後はキタとミナミをつなぐ御堂筋を中心に建設ラッシュを迎え、今日では国際的な金融機能や業務機能などの集積した国際ビジネスゾーンを形成している。

ちょっと知識　大阪市の中心部を南北に縦断するメインストリート「御堂筋」は着工から 11 年という長い歳月をかけた昭和 12 年（1937）に開通したもの。当時としては珍しい電線の地中化や、街路樹を整備したことにより、開放感がある道幅と自然溢れる並木道は美しい景観である。御堂筋の由来は本町駅を挟んで南北にある「北御堂」（本願寺津村別院）と「南御堂」（真宗大谷派難波別院）にある。江戸時代は南北の御堂を合わせて「御堂さん」と親しまれていた。ちなみに名付け親は「大阪の父」と呼ばれた關一元大阪市長。

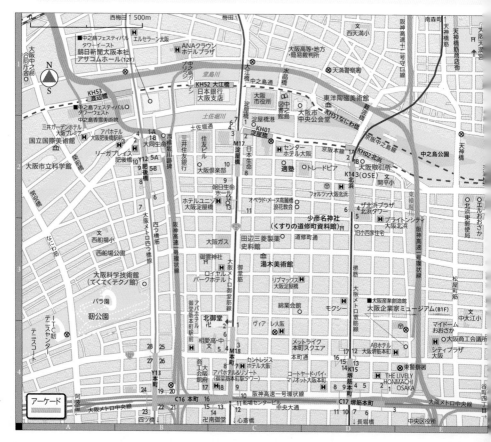

大阪企業家ミュージアム

地図P16E4 P62 参照

古くから「天下の台所」として我が国の経済を牽引してきた大阪。チャレンジ精神にあふれた個性豊かな企業家たちを輩出してきた街でもある。そして、世界が大きく変わる21世紀、大阪だけにとどまらず世界もリードする優れた企業を育むために誕生したのが「大阪企業家ミュージアム」である。

ここでは大阪を舞台に活躍した企業家105名の事績をゆかりの品々とともに紹介しており、**近代産業都市大阪の誕生～産業基盤づくり～、大衆社会の形成～消費社会の幕開け～、豊かな時代の形成～復興から繁栄へ～**の3つの時代・ブロックに分けて、それぞれに活躍した企業家をパネル展示やビデオ上映などで紹介している。

また、セミナーや見学会も行われており、学生向け、社会人向けなど様々な年代を対象にしたセミナーがある。学生のキャリア教育や社会人の仕事へのヒントが得られるにちがいない。

※団体での見学の場合は要予約（案内ガイド利用可）

大阪科学技術館（てくてくテクノ館）

地図P16B3 P62 参照

靭公園に隣接した敷地に、日本を代表する企業・団体が最新の科学技術を展示・解説している学習施設。

館内は暮らしや環境といった身近にある生活関連をテーマとした25の展示ブースに分かれており、ワイヤレス充電の仕組みやメリットを紹介した「**ワイヤレス充電が描く未来社会**」や、クイズやゲームを楽しみながら福井県若狭地方を仮想ツーリングする「**エネルギー・チャレンジ・ツアー　エネッチャ！**」、究極のクリーンエネルギーとして注目される水素のクイズコーナーを設ける「**くらしに役立つ水素のチカラ**」など体験型展示が充実している。修学旅行・社会見学の班別行動・グループ別見学コースもあり、HPから展示を見ながら問題を解くワークシートをダウンロードできるのでぜひ活用したい。

東洋陶磁美術館
地図P16D1 P65 参照

昭和57年(1982)、大阪市が中之島公園内に設立した美術館で、住友グループ21社より寄贈された「安宅コレクション」を核としている。

高麗・朝鮮時代の朝鮮陶磁、中国陶磁を中心にした、世界的にも有名な東洋陶磁のコレクションで、「油滴天目茶碗」や「飛青磁花生」という2点の国宝と青花蓮池魚藻文壺や青磁の童女形水滴など13点の重要文化財が含まれる。

また近年、在日韓国人の李秉昌博士から韓国陶磁301点、中国陶磁50点の寄贈を受け、これらを展示する新展示室が加わった。約7000点の館蔵品は、常設展示として、代表作品約300点が展示されるほか、専門的なテーマでの企画展・特別展が年に数回開催されている。

自然採光を利用した展示室もあり、柔らかな太陽の光に包まれた美しい陶磁器を見ることができるのも大きな特徴。ミュージアムショップでは、開催された展覧会図録や、美術書籍、収蔵品のポストカード、オリジナルグッズなどを販売している。

【団体見学コース】

Aコース	1・2階の展示ブースを自由に見学（所要60分）　無料	
Bコース	自由見学＋映画（テーマ選択）（所要90分）　100円	
Cコース	自由見学＋講座（テーマ選択）（所要150分）200円（高校生対象）	
Dコース	自由見学＋科学実験　　（所要100分）200円（小学校高学年対象）	

※Aは前日・Bは3日前・Cは2か月前・Dは2週間前までに申込が必要　※料金は税別

イヤレス充電が描く未来社会

エネルギー・チャレンジ・ツアー　エネッチャ！

くすりの道修町ゾーン

田辺三菱製薬史料館
地図 P16C3 P65 参照

江戸時代から「くすりの町」として知られる道修町。かつて日本で商われる薬は、一度道修町に集まり、品質と目方を保証されて全国に流通していったとされ、現在でも名だたる製薬会社が本社を構えている。

こうした製薬会社のひとつ、田辺三菱製薬の史料館では、①くすりの道修町ゾーン～ルーツを辿る～、②あゆみゾーン～歴史を巡る～、③いまと未来ゾーン～次代を拓く～といった3つのゾーンに分かれ、道修町の歴史や文化、同社が300有余年の間に蓄積した数々の歴史資料、新薬を生みだす取り組みなどを紹介している。原寸で忠実に再現された明治時代の店先や、当時実際に使われていた道具類・看板の展示は、かつての姿を想像させてくれる。

道修町には同史料館をはじめ、薬の神様 少彦名神社の社務所ビルにあるくすりの道修町資料館など展示施設が並び、道修町ミュージアムストリートと呼ばれている。

大阪市立科学館
地図 P16A2 P63 参照

惑星の軌道をイメージした楕円形の建物で、展示場・プラネタリウムなどを見学することができる。

前身は日本初の科学館「大阪市立電気科学館」であり、平成元年（1989）に大阪市制100周年記念事業の一つとして「大阪市立科学館」が開館。令和元年（2019）にリニューアルオープン。

常設展示には「宇宙とエネルギー」をテーマに発電の仕組みや電柱などの身近なものから電気を学ぶ「電気とエネルギー」や、親子で楽しめる実験装置を展示する「おやこで科学」、鉱物やプ

日本取引所グループ 大阪取引所 (OSE)
地図 P16D2 P63 参照

前身である大阪株式取引所の創立・取引開始（明治11年(1878)）から約130年、大阪経済の中心地として親しまれてきた。平成25年（2013）1月に大阪証券取引所と東京証券取引所が合併し、新たに日本取引所グループが発足した。その後、平成26年（2014）3月に商号を「大阪取引所」に変更し、日経平均先物・オプションをはじめとした日本のデリバティブ（金融派生商品）取引の中心地となっている。円筒形の壮大な白亜の外観と、ステンドグラスの美しい玄関ロビーはレトロ建築としても有名である。1階のアトリウムビジョン（株価ボード）では刻々と変化する金融市場を見ることができる。また、館内見学施設「OSEギャラリー」は自由に見学ができる。パネルや史料の

アトリウムビジョン

展示物を通して、日本における取引所の起源である堂島米市場や株式市場について学ぶことができる。また、事前に団体見学（10～40名）を予約すれば、担当者による説明やJPX（日本取引所グループ）紹介DVDを観賞することもできる。

朝日新聞大阪本社
地図 P16B1 P62 参照

明治12年（1879）1月25日、大阪で創刊。以来、明治から大正にかけての政府の言論弾圧、第二次大戦の戦時体制下で報道統制強化を耐え、強く言論の自由を訴えてきた全国三大新聞社のひとつ。読売新聞に次ぎ、第二位の発行部数を誇る。

見学案内

世界中のニュースが集まる新聞社の心臓部といえる編集局を中心に、DVDやクイズ形式、パソコンなどで、記事づくりの様子や新聞ができるまでの流れを学習することができる。
【時間】平日のみ　①11時～　②13時30分～　1日2回　所要時間約80分
【対象年齢・人数】小学5年生以上が対象で、4クラスまで。中学生以上は60人までで係員がついて案内。小グループの場合は、他の団体と一緒に案内することがある。2人以上からの完全予約制
【申込み方法・連絡先】見学希望日の5ヶ月前から電話受付。
06-6201-8033（アサコムホール・見学係）

大阪市中央公会堂

地図P16C1 P63 参照

中之島にある集会施設で、コ
ンサートや各界著名人の講演会
が数多く開催されている。美しい
ルネッサンス様式の外観と内部意
匠が評価され、平成14年(2002)
に国の重要文化財に指定される
など、まさに中之島そして大阪の
シンボルである。

　そのはじまりは、株式仲買人であった岩本栄之助が当時の100万円(現在の
価値で数十億円)を寄付したことによる。蔵屋敷の廃止後、衰退する中之島
の再生を模索してのこととも、明治42年(1909年)の「渡米実業団」への参
加を通して、アメリカの富豪の多くが慈善事業や公共事業に私財を投じている
ことに感銘したためともいう。

　公会堂は、大正2年(1913)に着工し、延べ18万4千人の職人と5年の歳月
を経て大正7年(1818)10月に完成し、今も大阪の文化・芸術の発展に深く関わっ
ている。

　大阪市中央公会堂は貸館として利用されているため、見学できるのは「展示
室」と「自由見学エリア」のみ、その他の室内は「ガイドツアー」やイベントで
見学できる場合がある。

日本銀行大阪支店

地図P16B1 P66 参照

　本店(東京)と同じく明治15年(1882)に開業。日本の中央銀行として金
融政策の運営、金融システムの安定に向けた取り組み、決済に関するサービス
の提供、銀行券の発行、国庫金・国債の取扱いなどの業務を行っている。明
治36年(1903)に建築された旧館は赤レンガ造りの東京駅を設計した辰野金
吾による建築で、真ん中にドーム型の屋根とその両脇に三角屋根が特徴。内部
には建築当時の部材を再利用しながら復元した記念室や階段室、日本銀行の
歴史や業務に関して紹介した「広報ルーム」などを見学することができる。また、
偽造防止技術や銀行券裁断屑、1億円の模擬券コーナーなど実際に見て体験
できる展示もある。

見学案内

日本銀行紹介ビデオ上映(約20分)、営業室
見学(約40分)
【時間】平日のみ。①10時〜11時20分　②13
時30分〜14時50分　所要時間約60分
【対象年齢】小学4年生以上(ただし小学生
は保護者の同伴が必要)
【申込み方法・連絡先】希望日の3ヶ月前の
第1営業日から2週間前まで。要電話予約
06-6206-7742(日本銀行大阪支店営業
課見学担当、受付9時〜17時)

ラスチック・繊維など化学の分野
に特化した「身近に化学」、天文
関係の展示物やプロジェクション
マッピングなどの迫力ある映像展
示を行う「宇宙とその発見」の4
つコーナーがあり、200点の展示
物で科学を身近に親しんでもらえ
る工夫がされている。また、3階
にはサイエンスショーコーナーが
あり、様々なモノをテーマとした
科学の実験を毎日行っている。

　今でこそ全国各地でみられるプ
ラネタリウムだが、日本初は前述
の大阪市立電気科学館であり、手
塚治虫も少年時代に通ったとい
う。星座や宇宙に関する解説が学
芸員により紹介され、美しい映像
を映し出し、巨大映像システムを
使った臨場感あふれる画像は、あ
たかもその中にいるような感覚を
味わせてくれる。

国立国際美術館

地図P16A2 P64 参照

　国立国際美術館は、昭和45年
(1970)の日本万国博覧会の際
に作られた「万国博美術館」の建
物を転用して、昭和52年(1977)
に開館した。現在の建物は、平成
16年(2004)3月に大阪・中之島に
完全地下型の美術館として新築
移転されたものである。

　シーザー・ペリアンドアソシエーツ
により設計された一風変わった外
観は、見る人により様々なイメージ
を浮かび上がらせる。

　地下3階(一部地下1階)の完全地
下型の新美術館では、一部の作家
(セザンヌ、ピカソ、エルンスト、藤
田嗣治、国吉康雄ら)のいくつかの
作品以外は、戦後の現代美術作品
を数多く収蔵。

　毎月、様々な展示会を開催したり
講演会、シンポジウム、ギャラリー
トークなども常時行っている。地
下1階は入場無料のフリースペース
になっており、多くの人で賑わう。

天満

梅田 P12　天満　中之島 P16　大阪城 P22

大阪天満宮の参道に店が集まったのがはじまりとされる天神橋筋商店街は、大阪市北区にあるアーケード商店街でユニークなデザインが特徴。　南北約2.6km、600以上の店が並ぶ日本一長い商店街で、古き良き専門店から商魂たくましいアイデアショップ、いかにもナニワな飲食店まで多彩な顔ぶれが揃い下町情緒を感じさせる。大阪城の南北縦に走る通りを一丁目とし、天神橋筋商店街はそこから10本目であったことから地元では「十丁目商店街」とも呼ばれている。因みに、六丁目は「天六」と呼ばれ、阪急と地下鉄の相互乗り入れの駅であることや、谷町線との乗り換えポイントであること、大阪で初の高架駅などから有名。

大阪くらしの今昔館（こんじゃくかん）

地図P20B1 P62 参照

「住まいの歴史と文化」をテーマとしていて、従来の博物館としての学術性とテーマパークが持つ楽しさを兼ね備えた体感型のミュージアム。江戸時代そして明治・大正・昭和の大阪の住まいと暮らしぶりを肌で感じ楽しみながら学ぶことが出来る。江戸時代、天保初年（1830年代前半）の街並みを実物大に復元した「なにわ町家の歳時記」と、明治・大正・昭和のフロアで近代大阪の住まいと暮らしを模型や資料で展示した「モダン大阪パノラマ遊覧」に分かれる。遠足、社会見学、総合学習等にも対応できる社会教育施設としても利用でき、大学生や高校生向けのプログラム、小・中・高の修学旅行生向けの体験プログラムもある。

ちょっと

知識

東京・神田祭、京都祇園祭とともに日本三大祭りの一つといわれる大阪の夏の風物詩「天神祭」では毎年、天神祭宵宮の前日、7月23日に天神橋筋商店街を巡行する「天神祭ギャルみこし」（正式名称は天神祭女性御神輿）が行われている。女性たちが重さ約200kgもある神輿を担ぎ、天神橋筋商店街を巡行し、大阪天満宮に参拝する行事で毎年話題となっている。実はこの行事は天神橋筋商店街が協力して作り上げたものでした。

◎売新聞大阪本社
地図P20A3 P66 参照

洋学者であった子安 峻らが明治3年（1870）横浜に日本最初の活版印刷所「日◎社」を設立、東京に本社を移転した後◎明治7年（1874）11月2日に第一号を創刊。当初発行部数はわずかであったが、◎字教育を受けていない一般大衆のためのふりがなを施した新聞が人気を集め◎。現在では「ギネスブック」が認定する世界一の発行部数を誇り、日本を代◎する一般大衆向けの新聞社となった。社名は江戸時代の瓦版売りを意味する「◎読み売り」に由来する。ここでは編集局や印刷工場などをまわって、新聞社◎さまざまな仕事を学ぶことができる。内容は「会社案内DVD鑑賞」、「編集◎、印刷工場の見学」など。作業中の現場や展示資料を通じて、新聞制作に◎くの人が関わっていることを学ぶ。参加者の集合写真を使った記念新聞を作◎、終了時に配布している。

≪編集局見学≫
　新聞制作の中心部で、取材と記事執筆を担当する編集局の中に入って見学を行う。紙面の方針を決める「編集会議」が行われる場所を見学するほか、記事を執筆する記者やデスクの様子を間近で見るなどして、緊張感あふれる新聞制作の最前線の様子を肌で感じ取る。同行する案内スタッフが、紙面作りの業務や編集作業などの説明を行う。

≪印刷工場見学≫
　新聞の印刷から梱包、新聞販売店への発送まで、作業の流れを学べる。カラー印刷の仕組みなどの説明を受けたあと、新聞を印刷する「輪転機」が動く様子や、必要な部数ごとに梱包する工程を見学できる。いかに早く新聞を読者に届けるか、紙面作りの技術や、発送作業を通して知ることができる。

【対象年齢・人数】小学4年生以上、1回の最大人数は120名まで
【時間】午前11半～、午後1時15分～の1日2回。所要時間90分
【申込み方法・連絡先】成人を含む2名以上で、見学希望日の1週間前の午後5時までに要予約。問い合わせは見学担当まで（TEL：06-6366-1532）。無料

造幣博物館
地図P20C3 P65 参照

　明治44年（1911）に火力発電所として建てられた建物で、造幣局構内に残る唯一の明治時代のレンガ造りの西洋風建物である。
　昭和44年（1969）に建物の保存を図り、当局が保管していた貴重な貨幣などを一般公開し、造幣局の事業を紹介するため当時の外観をそのままに改装し、「造幣博物館」として開館した。館内には貨幣の製造工程と創業当時の造幣局の歴史がわかる展示や、有史以来の貨幣の歴史、国内外の貴重な貨幣コレクション、造幣局が製造している勲章・褒章・金属工芸品などが展示されている。2階体験コーナーでは、千両箱の重さなど体験を通じて学べるコーナーがある。貨幣工場が隣接しており、事前に申し込めば無料で見学することができる。春には桜の名所としても有名で、4月中旬ごろには一般公開されて「造幣局桜の通り抜け」として親しまれている。

まほうびん記念館
地図P20C3 P66 参照

「真空の力」による保温・保冷ができるまほうびんは、その原型が作られてから100年あまり。今や私たちの生活になくてはならない便利な道具となっている。
ここは、まほうびん業界の進化と発展の歴史を紹介している記念館である。象印マホービン株式会社の創業90周年を機に平成20年（2008）に設立。まほうびんの原型のレプリカから現在まで挑戦し続けたまほうびんの進化と変遷の過程を楽しめるほか、人々の暮らしの変化、真空の不思議を体感できるコーナーなどがある。

大阪天満宮
地図P20B3 P63 参照

「てんまのてんじんさん」との呼び名で親しまれ、学問・芸能の神様として地域の人々や大阪商人たちの心のよりどころとなっており、京都の北野天満宮とともに関西では広く信仰されている。元々、ここには孝徳天皇が難波長柄豊崎宮を造営した際の守りとして祀った大将軍社という神社があった。そこに太宰府に流される途中の菅原道真が道中の安全を祈願したとされ祀られるようになったという。周囲は大将軍の森、後に天神の森といわれ、現在の南森町といった地名に残る（かつては北森町もあった）。
毎年7月24・25日に行われる天神祭は、1000年余前から続く伝統的なお祭りで、古式ゆかしい衣装を身にまとった3000人が町をねり歩く。夕闇のなか100隻を超える船団が川面を行き交ったり、そこへ約5000発以上の花火が打ち上げられたりと活気溢れるものだ。

大阪城

梅田 P12
中之島 P16
天満 P20
大阪城
心斎橋 P26

大阪城公園は大阪城周辺から環状線にかけて広がる総面積 105.6ha（ドーム約 23 個分）の広大な公園。園内には大阪城のほか、最大 16,000人収容できる大阪城ホールや大阪城音楽堂、野球場、弓道場、修道館（柔道の施設）があり、文化・音楽・スポーツを楽しめる市民の憩いの場となってい

豊國神社
ほうこくじんじゃ

地図P22B2 P66 参照

豊國神社は「豊臣秀吉」「豊臣秀頼」「豊臣秀長」を奉祀する神社で、出世開運祈願の神として知られている。

明治12年（1879）、京都市にある豊国神社の別社として創建された。もともとは中之島の大阪市中央公会堂の辺りにあったが、2度移転して現在地へ遷座している。境内には昭和47年（1972）につくられた「秀石庭」がある。海に面した大阪の発展にちなみ、海洋をテーマとした庭園で、秀吉の馬印であった千成瓢箪の形を地割模様とし、巨石を組み合わせて「石山」を表現している。

わずか一代で無名の足軽から天下を取った秀吉にあやかり、豊國神社のお守りの千成瓢箪をひとつずつ買い増して、出世開運を願う人も多いそうだ。

毎年秀吉の命日8月18日には御神霊を慰める為のお祭りが行われている。

大阪城 （大阪城公園の注目スポットはP24へ）

地図P22B2 P63 参照

石山本願寺の跡地に、天正11年（1583）豊臣秀吉が築城を開始したのが大坂城である。慶長20年（1615）大坂夏の陣の時に廃墟同然となったが、徳川幕府の2代将軍徳川秀忠により再築された。その後、落雷で天守閣を焼失。現在の天守閣は3代目で、昭和6年（1931）の復興と平成9年（1997）の改修によるものである。内部は歴史資料館になっており、歴史

ちょっと知識

大阪城の南にある複合施設「ミライザ大阪城」の建物は、第四師団司令部（陸軍関連施設）として昭和6年（1931）に建てられたものであり、戦後には大阪府警本部や大阪市立博物館など、用途を変えて使われ続けている。

料や、ジオラマ、ビデオなどで様々な角度から大阪城を楽しむことができ
。その中でも、天下統一をした秀吉の生涯や、映像とミニチュア模型を使っ
大坂夏の陣の戦いは見応えがある。最上階は、地上から50mの展望台に
っており、周辺の大阪城公園だけでなく、大阪の街を一望できて爽快だ。
現在大阪城天守閣では、見学の他に復元した戦国武将の兜を、陣羽織
共に試着し、写真撮影ができるコーナーが設けられており、女性用の小
も用意されている。ミュージアムショップでは食品・雑貨・キーホルダー・
阪伝統工芸品・インテリア・Tシャツ・書籍、その他にもここでしか手に
らないものも販売されている。

大阪大空襲の様子を再現したマッピング映像

刻の庭

大阪歴史博物館
地図P22A3 P63参照

1350年余り以前の宮殿
難波長柄豊崎宮跡の上に、
大阪市立博物館の新館とし
て、平成13年（2001）に建てられた歴史博物館で、「な
にわ歴博」という愛称で親しまれている。館内は、地
下に難波長柄豊崎宮の遺構、2階に歴史に関する情報
を集めた学習情報センター「なにわ歴史塾」、6階には
特別展示室があり、7〜10階にかけてはグラフィックや
映像、情報端末などで大阪を4つの時代・角度から紹介する**常設展示室**となっ
ている。10階は古代、9階は中世近世、8階は考古学、7階は近現代と、階と
ともに時代が下っていく展示となっていて、大阪の歴史を学ぶことができる。

とくに、10階の展示会では、直径70cmもある朱塗りの円柱が立ち並ぶ奈良
時代の難波宮の**大極殿**を原寸大に復元しているのが、なかなかの見応えだ。

展示に関わる内容を体験しながら学べる「ハンズオン」は、日によって異なる。

難波宮跡公園
地図P22B3 P66参照

飛鳥時代から奈良時代にかけて、大阪に都・難波宮があったことを示す
史跡である。『日本書紀』や『続日本紀』にでてくる難波宮であるが、所
在地が分かったのは最近のことであり、大阪市立大学教授の山根徳太郎博
士により調査が行われ、前期・後期難波宮が発見された。

前期難波宮は、孝徳天皇による難波遷都によるもので、宮
殿は白雉3年（652）に完成したとされ、大化の改新の重要な
舞台と言えるだろう。後期難波宮は、神亀3年（726）聖武天
皇が平城京の副都として造営させたものである。

一帯は史跡公園として整備されていて、宮殿の中心部とされ
る約9万㎡が国の史跡に指定されている。前期難波宮の部分
は、赤いタイルが敷かれ、赤い御影石で柱位置が示され、後
期難波宮の部分は、地表面より一段高くして、石造りで基壇が
示されている。また、大阪歴史博物館の地下には前期難波宮
の倉庫群の遺構が保存され、一般公開されている。

ピースおおさか
（大阪国際平和センター）
地図P22C3 P66参照

大阪空襲を語り継ぐ平和ミュージアムとして平成27年（2015）にリニューアルオープン。館内には「昭和20年、大阪は焼き尽くされた」「世界中が戦争をしていた時代」「戦時下の大阪のくらし」「多くの犠牲を出し、焼け野原になった大坂」「たくましく生きる大阪」「私たちの未来をつくっていくために」をテーマとした常設展示があり、50回以上にも及んだ大阪空襲の実態や戦時下の生活を中心に展示し、犠牲者の追悼、平和への祈念を訴えかけている。

また、特別展示室では、府民・市民より寄贈された数多くの資料を活用した収蔵品展など、関係機関・団体の協力も得ながら特別展を開催している。

このほか、平和学習として、アニメ、映画の定時上映、戦争体験語り部の紹介、ボランティアの協力による平和紙芝居、戦跡ウォーク、教員向けの平和学習講座などを行っている。

大阪城公園注目スポット

乾 櫓 重文

西の丸の西北（戌亥）隅を守る隅櫓で、大手口と京橋口の広い範囲が見渡せる要所にある。平面L字型、総二階造り（一階と二階の床面積が同じ、普通は上が狭くなる）の珍しい形をしており、南・西・北に開けていることから「三方正面の櫓」の別名がある。

創建は元和6年（1620）、千貫櫓とともに大阪城最古の建造物の一つであり、工事責任者も同じ小堀遠州である。昭和34年（1959）解体修理。乾櫓の内側である西の丸庭園からは、L字型がはっきり分かる。

西の丸庭園

天守閣の西にある広さ約6.5haの庭園で、約半分が芝生におおわれている。園内には迎賓館や焔硝蔵があり、千貫櫓と乾 櫓を内側から見ることができる。

西の丸は本丸に次ぐ重要な場所とされ、豊臣秀吉の時代には弟・秀長の屋敷があり、秀吉正室・北政所が住んだこともある。桜の名所として知られ、ソメイヨシノを中心に約300本の桜が植えられ、毎年春には、お花見を楽しむ人々でにぎわう。

千貫櫓 重文

大手門の左側、堀に突き出す形になっている二層の隅櫓で、門に向かう敵を側面から攻撃するのに最適な配置である。名前の由来は大坂城の前身石山本願寺にさかのぼるとされ、これを攻めた織田信長軍の兵士たちが「千貫文を出しても奪いたい」と言ったことに因むという。初期の具体的な場所は不明ながら、その名前は豊臣大坂城、徳川大坂城と引き継がれてきた。

工事は茶人でもある小堀遠州の手によるもので、大阪城最古の建物の一つ。元和6年（1620）創建、昭和36年（1961）解体修理されている。

多聞櫓 重文

大手門を抜けると四方が石垣に囲まれた空間になっており、先に進むには左に折れて大門を潜らなければならない。石垣の上にはL字型に多聞櫓が乗っていて、大手門正面の続 櫓、左側の大門をまたぐ渡 櫓で構成される。「槍落とし」や「銃眼」などが配され、面積は710㎡、高さは14.7mである。多聞とは松永久秀の居城「多聞城」の建物に由来しており、土塁や石垣上に築かれた長屋状の建物を一般に多聞（多門）という。寛永5年（1628）創建され、落雷焼失ののち嘉永元年（1848）再建、昭和44年（1969）解体修理されている。

大手門 重文

城の正面を大手といい、そこにある門を大手門という。現在の大阪城大手門は、寛永5年（1628）に徳川幕府による大阪城再築工事の際に創建された。嘉永元年（1848）に修復、昭和42年（1967）に解体修理が施された。特に正面右側の控 柱の継手は見もの。複雑な継ぎは、どうはめ込めばいいのか分からない。本柱2本と控え柱2本の上にそれぞれ屋根が架かる高麗門形式であり、屋根は本瓦葺、扉や親柱は黒塗総鉄板張である。開口部の幅は5.5m、高さ7.1m。

六番櫓 重文

南外堀に面する隅櫓で、寛永5年（1628）創建という徳川大坂城再築の末期にあたり、様式・手法などに初期の乾・千貫櫓とは違った特徴がみえる。

窓は外側を中心に26か所、鉄砲や矢を放つための狭間も多数空けられている。南面と西側に石落としが1か所づつあり、石垣を登ろうとする敵への備えもみられる。

焔硝蔵 重文

　焔硝（黒色火薬）を納めた火薬庫である。焔硝の保管は難しかったようで、万治3年（1660）には落雷による大爆発が起きており、また別の場所にあった半地下の焔硝蔵は部材の腐食に悩まされたという。現在の焔硝蔵は貞享2年（1685）に創建されたもので、床・壁・天井・梁の全てが花崗岩の切石で出来ており、厚さは約2.4mで、きわめて頑丈なつくりになっている。こうした石造りの火薬庫は日本では他に例がない。昭和35年（1960）解体修理が行われている。

豊松庵

　豊臣秀吉と茶道の大成者千利休の関係は深く、城内で茶の湯を楽しむなど、両者の逸話は多い。こうしたゆかりの地で茶道を楽しんでもらおうと松下電器（現パナソニック）の創業者・松下幸之助が寄贈した茶室である。大阪万博開催に際したもので、昭和44年（1969）3月起工、同年11月に完成。茶室から露地を通して望む天守閣は、都心とは思えないほどの静かな趣を感じさせる。

　なお豊松庵の由来は、「豊」臣秀吉・「松」下幸之助だという。

金明水井戸屋形 重文

　かつて本丸内にあった5つの井戸の一つで、天守閣にもっとも近い。元々は黄金水と呼ばれ、本来の金明水井戸は現在の配水池あたりにあったという。豊臣秀吉が水の毒気を抜くために黄金を沈めたとの伝説があったが、現在では徳川時代の天守と同じ寛永3年（1626）に創建されたことが分かっている。（井戸掘りは1624年）

　天守は落雷により焼失してしまったが、屋根付き（屋形）の井戸であるこの建物は当時のまま残った。小天守台上にあって、水面までは約33mととても深い。

金蔵 重文

　徳川幕府の金貨・銀貨の保管庫である。長崎貿易の収益金や西日本にある幕府直轄領の年貢金などの公用金が蓄えられたとされ、石敷の床下や三重の入口、特殊な鍵など、厳重な防犯・防火対策がなされている。のちに陸軍の倉庫となり、窓が増やされ、出入口も付け替えられた。宝暦元年（1751）創建、天保8年（1837）改修とされる。第2次世界大戦の空襲により荒れ果てていたが、昭和35年（1960）解体修理されている。

桜門 重文

　内堀に囲まれた本丸への正門である。豊臣秀吉のころ、二の丸に桜の馬場があったことに因み桜門といわれるが、徳川幕府による再建により位置も方向も変更されている。創建は寛永3年（1626）であるが、戊辰戦争で焼失しており、明治20（1887）、陸軍の手で徳川時代の様式のままに復元された。昭和44年（1969）解体修理。

一番櫓 重文

　南外堀に面する、かつては7棟あった隅櫓の一つ。玉造口（大坂城東南の出入口）から一番、二番と番号が振られていたが、四番・五番・七番櫓は戊辰戦争で、二番・三番は第二次大戦の空襲で失われ、現在は一番櫓と六番櫓だけが残る。

　寛永5年（1628）創建とされ、寛文8年（1668）大改造され現在の姿となる。何度か修復がされており、近年は昭和40年（1965）解体修理がされた。玉造口の守りであり、東面と南面、北面に窓が16個、鉄砲や矢を放つための狭間も設けられている。

25

御堂筋と並行して東側のアーケードがかかる心斎橋筋は、北の通から宗右衛門町通まで、南約580m続く商店街。百貨店め多くの服飾や飲食店が並ぶ屈指の商業地域となる。江戸に書店、小道具屋、琴三味線呉服屋などが多かったが、昭入り洋風の店も増えて、現在創業数百年の老舗から最新の店を取り入れた店などがある活れる街となっている。戎橋筋南の難波・千日前にも高島屋んばパークス、地下街なんばなど商業施設は多く、道具屋家具問屋街、または大阪市民市場黒門市場などがあり、「食れの街」大阪を色濃く残す庶民繁華街エリアとなっている。

ちょっと知識　心斎橋は長堀川（現の長堀通）に橋を架けた人岡田心斎に由来している。明治6年（1873）は鉄橋に、明治42年（1909）に石造橋に架け替えられており、昭和39年（1964）の長堀川は埋め立てにより陸橋となった。現在では平成年（1997）の長堀再開発で、長堀筋の中央分離帯などに橋の欄干（一部）が使われている。

道頓堀
どうとんぼり

地図P26B2 P65 参照

　道頓堀とは、大阪市を流れる木津川と、東横堀川を結ぶ全長約2.5kmの運河のこと。同時に、このあたりの町名でもある。

　道頓堀の開削工事は、慶長17年（1612）安井道頓によって始められた。しかし、3年後の大坂夏の陣にて、道頓が戦死。工事は道頓の従弟・道卜に受け継がれ、慶長20年（1615）に完成した。堀は開削者を称えるため、大坂城主・松平忠明により道頓堀と名付けられたのである。現在、日本橋北詰東に安井道頓・道卜紀功碑が立っている。

　その後、道頓堀沿いには江戸幕府から許しをもらった道卜により、芝居小屋や遊所が建てられ、明治時代になると歌舞伎や人形浄瑠璃が行われた戎座（浪花座）、中座、角座、朝日座、弁天座の浪花五座が構えられた。道頓堀は諸芸を競う上方芸能の中心地として栄えたのである。

近年では「食い倒れの街」大阪を代表する飲食街として有名であり、「大阪物くいだおれ」の店舗前にある「くいだおれ人形」や、個性的で派手な「江崎グリコ」や「かに道楽」の装飾看板は観光名所となっており、特に道頓堀に架かる戎橋（えびすばし）から両手片足を上げたグリコのポーズをまねして記念撮影する事が人気となっている。

地図P26C3 P64 参照

黒門市場（くろもんいちば）

浪花っ子の胃袋をあずかり、卸売と小売の機能を兼ね備えた市場で江戸時代から続いている。文政5年(1822)頃、魚商人が日本橋の圓明寺（えんみょうじ）付近にあった黒い山門あたりで魚の売買していたことが「黒門」市場の起こりといわれている。圓明寺は明治45年(1912)の難波の大火災で焼失しており、それまでは「圓明寺市場」と呼ばれていた。

千日前から南へ約580mの間に鮮魚をはじめ青物・果物、飲料、衣料品など約150店舗が軒を並べ、料亭の板前さんの買い出しが多いことからフグやすっぽんの店も多い。かつては1日平均1万8千人、年末になると約15万人がやってくるといわれたが、近年外国人観光客が増え1日平均2万6千～3万人と今まで以上に大いに賑わっている。「黒門に来れば何でも揃う」と言われるほど品揃えは抜群。大阪独特の雰囲気を直接肌で感じることができる場所である。

なんばグランド花月

地図P26B3 P66 参照

笑いの殿堂・なんばグランド花月は、吉本興業が世界に向けて笑いの文化を発信していく活動の本拠地。

おなじみの吉本芸人が次々登場し、漫才、落語に、ギャグ満載、この劇場の目玉ともいえる関西ではお馴染みの「吉本新喜劇」が連日上演されている。ストーリーは主に民宿、商店などを舞台に展開され、予期せぬアクシデントに登場人物たちが立ち向かい解決していくというものだ。アドリブを交えた舞台では、新喜劇メンバーによるそれぞれの独自ギャグも披露され、どこでそのギャグが出てくるかは見てからのお楽しみである。

また劇場内売店では、吉本芸人のグッズやオリジナル商品など劇場ならではの商品を購入することができる。「見るだけの劇場はやめました！」と芸人キャラが劇場内外を盛り上げ、VR体験、AR撮影など楽しい取り組みも行われており、学校団体向けには観劇前後に新喜劇や漫才の体験ワークショップ等も実施することが可能（要相談）。

水かけ不動（法善寺）

地図P26B3 P66 参照

法善寺（ほうぜんじ）の境内に祀られ、「水かけ不動さん」の愛称で親しまれている不動明王像。柄杓（ひしゃく）で水を注いで願掛けすることから名付けられた。大勢の人々に水をかけられたことを示すように、その姿は苔だらけ。商売繁盛や恋愛成就（じょうじゅ）で知られている。寛永14年(1637)の創建の法善寺は、本尊は阿弥陀如来（あみだにょらい）の浄土宗の寺院。ほとんどの堂宇が焼失しているが、水かけ不動と金毘羅堂（こんぴらどう）は残っている。ここは千日回向、千日ごとに念仏供養を行う寺だったので、その門前（もんぜん）が千日前と呼ばれるようになった。

法善寺の境内の露店から発展した法善寺横丁は、明治時代から昭和時代の初期にかけて、寄席（よせ）の紅梅亭（こうばいてい）と金沢亭（かなざわてい）（その後、ともに吉本興業に吸収される）の全盛もあって、落語を楽しむ人々で賑わっていた。しかし、太平洋戦争の空襲で寺ともども焼失。戦後に、再び盛り場として蘇ったのである。

常設展示エリア

ワッハ上方 (上方演芸資料館)

地図 P26B3 P66 参照

上方演芸資料館として平成8年 (1996) にオープン。上方 (大阪) で演じられる落語・漫才など大衆芸能を上方演芸と呼び、その文化と魅力を発信する全国で唯一の「笑い」の資料館である。

平成31年 (2019) リニューアルを行っており、収蔵資料を活用した常設展示やこれまでにない視点から上方演芸を紹介する企画展示をはじめ、演芸人のおもしろ映像コーナーや、上方演芸を学べるワークショップなど、多彩な展示・催しを行っている。

上方浮世絵館

地図 P26B3 P63 参照

上方浮世絵を展示する私設美術館。収蔵品の中から30点ほどを、約3ヶ月おきにテーマを設けて展示している。4階では浮世絵の製作道具を展示するほかイベントを開催している。

浮世絵は江戸と上方 (大坂) では特徴が異なり、江戸は美人画や風景画、役者絵が見られるが、上方では美人画や風景画は少なく道頓堀の歌舞伎芝居を描いた役者絵がほとんどである。描き方にも違いがあり、江戸は役者を美化しすっきりとした (シャープな線で描く) 画風で描かれ、上方は美化せずありのままを曲線的な画風で描かれている。ここに江戸と上方、二つの文化的な違いを見ることができるといえるだろう。また、上方の浮世絵は役者とともに大道具や小道具がしっかり描かれたことから、かつての暮らしや風俗が垣間見られる。

1階のミュージアムショップでは上方浮世絵館グッズを購入することができる。

アメリカ村
地図P26A1〜2 P62 参照

昭和50年 (1975) 前半から若者の集まる場所として形づくられた地域で、大阪・ミナミで最も活気があふれ、関西の若者文化をリードしてきたアメリカ村。「アメ村」という愛称で呼ばれている。地下鉄心斎橋駅の西側、長堀通りから道頓堀までの範囲に広がる一帯を指す。その中心となるのが**三角公園**である。ここでは芸人やミュージシャンを志す若者たちのパフォーマンスやフリーマーケットなどが行われており、週末には20万の若者が周辺に集まる。1970年代になって倉庫を改装した店舗で古着やジーンズが売られ始め、アメリカ西岸部で仕入れた中古レコードや雑貨なども販売され話題になった。「アメリカ村」という名前は百貨店で開かれた「アメリカ村夏の陣」というイベントから命名され、この街ではいつでもアメリカ西海岸の文化に触れられるといわれている。現在もファッションだけでなく、音楽なども楽しめる場所として人気を誇る。

千日前道具屋筋商店街

地図P26B4 P65参照

大阪のプロの料理人達へ台所用具やお店の看板など、業務用に必要な道具を販売する商店街。明治15年（1882）、法善寺の千日前から四天王寺のお師さんや今宮戎神社への参道に古道具屋や雑貨商が軒を連ねたのが始まり。

正時代に入ると古道具屋が問や製造業の「道具屋」へ業態変わり、昭和時代に現在までく「飲食店の道具」を売る専門街へと成長した。

第二次世界大戦の空襲では一が焼け野原となるも復活し、大万博が開催された昭和45年1970）には、アーケードが建設れ現在の千日前道具屋筋商店街となった。現在では、厨房器具や食器は勿論、食品サンプルや看板・暖簾、飲食店などが立ち並ぶ。体験も充実していて、食品サンプル制作などが人気である。

お探しのものはなに？ 商品別店舗案内

● 【厨房機器】
山下金物・柴田金物・三笠屋金物店・ゑびすや金物店・NAKAO FACTORY WORKS & COFFEE STAND・千田・一文字厨器・川西厨房・タケウチ・和田厨房道具

● 【食器・陶器・漆器】
山加陶器・千田硝子食器・大阪漆器・相互商会・グッディーズ千田・京屋・太星食器・京屋 プロベスト・ANNON

● 【ユニフォーム・靴】
ミタカヤ・ユニフォームのツルヤ・山口靴店・白衣のツルヤ・登美屋

● 【食品サンプル】
デザインポケット・R&M・油谷高正堂・日本食品サンプル普及協会

● 【看板・のれん】
花月堂・ドーモラボ・乎蛟琳房（おこりんぼう）筆文字・コンピューター工房・新星堂・松田・座布団本舗

● 【店舗用品】
たる幸 後藤商店・みつや千日前店・NAKAO FACTORY WORKS & COFFEE STAND・座布団本舗

他にも包丁や文具、飲食店など魅力あるお店が沢山あります！

千日前道具屋筋 商店街拡大図

アーケード

■YES・NAMBAビル
上方演芸資料館（ワッハ上方）
ドンキホーテなんば千日前

なんばロフト

サウスロード千日前

厨房機器・食器類
その他店舗用品（衣類・看板など）
食品サンプル

・ミタカヤ
・デザインポケット
・山加陶器
・ユニフォームのツルヤ
・花月堂

遊・よしむら
みつや本店　パッケージプラザ千日前店
R&M
たる幸 後藤商店
みつや千日前店

千日前道具屋筋商店街

トーホーフードサービス
Aプライス 難波千日前
・マルサン

ドーモラボ/1F
コンピューター工房/3F
日本食品サンプル普及協会
（デザインポケット）/4F

油谷高正堂
山口靴店　山下金物 本店
柴田金物
三笠屋金物店
白衣のツルヤ　道具筋店

・乎蛟琳房 筆文字
・千田硝子食器
・ゑびすや金物店
・大阪漆器
・グッディーズ千田
・京屋

NAKAO FACTORY WORKS & COFFEE STAND ●
太星食器
千日地蔵通横丁
新星堂

相互商会

なんさん通り

高島屋

・一文字厨器
・松田
・川西厨房
・和田厨房道具

・千田
・京屋・プロベスト
・タケウチ
・座布団本舗
・登美屋

千日前道具屋筋商店街振興組合

ANNON（コスモスタイル）

なんさん通り

DOGUYASUJI
千日前

中之島 P16	大阪城 P22
P26心斎橋	
天王寺	

関西空港・和歌山・奈良を繋ぐ大阪の南の玄関口、ここには令和2（2020）現在、日本一の高さを誇るあべのハルカス、四天王寺、王寺公園、通天閣のある新世界など名所が豊富に点在している場となっている。文明8年（1476）の応仁の乱後、遣明船の貿易港して栄えた堺の交通路として栄え、明治36年（1903）に国内の産振興を目的としていた第5回内国勧業博覧会の会場となり、その地の西半分が新世界、東半分が天王寺公園となった。また、天王寺走る大阪唯一の路面電車「阪堺電車」は、"ちん電"と呼ばれ慕われおり、明治33年（1900）の創業で100年以上の歴史が誇る。

新世界

地図P30B2 P64参照

　通天閣にジャンジャン横丁、づぼらやの大きなフグ提灯の板、ビリケン像で知られる大阪市南部の下町・歓楽街である。

　中央にシンボルの通天閣がつくられ、さらに有料遊園地芝居小屋、映画館が開業するなど発展していく。しかしやが長期的な低迷期を迎えてしまい、やや怖い街との印象を持れるようになったが、現在はそのイメージを脱して「昭和の名残を感じさせるレトロな街、独特の雰囲気を持つ観光地となった

　通天閣の近くには南北130mの間に串カツ屋、どて焼き屋囲碁将棋クラブなど約50軒の店が軒を連ねる「ジャンジャン横丁」などがあり、大阪らしいパワーに溢れている。

ちょっと
知識

天王寺公園北東にる茶臼山古墳は、坂冬の陣では徳川康が、大坂夏の陣は真田幸村の本陣置かれた場所とな「茶臼山の戦い」舞台として有名。

ジャンジャン横丁

通天閣

地図P30B2 P65 参照

大阪城と並び、大阪のシンボルとして親しまれている通天閣、明治45年（1915）に新世界ルナパークの中心施設として生した。上がエッフェル塔、下がパリの凱旋門という奇抜なザインが人気を博し、「天に通ずる高い建物」の意味で通天と名付けられたのである。しかし太平洋戦争の中、火災で焼・解体され、現在は、昭和31年（1956）に再建された2目である。

塔の側面には、「HITACHI」の文字が大きく目立って書かている。2代目完成の翌年から総合電機企業の日立製作所大きく広告を出しているのだ。資金調達のために長期に渡っ広告を出してもらえる大手企業を探していた通天閣側と、大電機企業ひしめく大阪に進出しようとしていた日立の思惑が致したのだとされている。

初代は東洋一の高さ64m、二代目は103mの通天閣に上る、足下の新世界や天王寺公園はもちろん、大阪市中を広く渡せる。近年は独特のレトロな雰囲気が受けてか、入場者が若返り、学生の姿も目立つようになった。また、足の裏をでると幸運が訪れるとされる幸運の神様「ビリケン」の像が、望台でちょこんと座っているので、訪れたときには触っておきたい。

今宮戎神社

地図P30A1 62 参照

大阪の商売の神「えべっさん」として信仰を集める神社。創建は推古天皇の時代に遡り、聖徳太子が四天王寺を建立した際に西方の鎮護として祀られたとされる。祭神は天照皇大神・事代主命等であり、事代主命が戎さん（えべっさん）である。左脇に鯛を右手に釣竿を持った姿で親しまれ、現在でも大阪の商業を護る神様として篤く信仰されている。

古代、神社の辺りは海沿いで、海はもちろん里や野の産物が物々交換される「市」が開かれていた場所で、えべっさんはその守り神でもあった。福徳を授ける商業の神として、江戸時代から1月9・10・11日の三日間にわたる「十日戎」の祭礼が催されている。現在でも祭礼には約100万人を超える参詣者が訪れ、笹がついた小宝・「吉兆」が買い求められている。

スパワールド世界の大温泉
地図P30B2 P65 参照

通天閣にほど近く、温泉・サウナをはじめ、プールやスポーツジム、エステなど、美と健康とレジャー関連の複合施設「スパワールド世界の大温泉」はある。

温泉はヨーロッパゾーンとアジアゾーンの2つに分けられ、さらにそのゾーンの主な国の代表的な浴場、岩盤浴を持つ。13種の浴場、8か国の岩盤浴が一堂に会する様は圧巻。

プールはスライダーを楽しめるアミューズメントプール、キッズプール、バーデゾーンから構成されている

特にドイツの高級保養地バーデンバーデンをイメージしたバーデゾーンは、ジャグジーや半身浴、サンデッキなど疲れをいやすのに最適。通天閣を一望できる展望も素晴らしい。女性に人気のスパやエステもあるほか、館内には宿泊施設・宴会場も完備されている。

大阪市立美術館
地図P30B2 P63 参照

天王寺公園内にある美術館で、昭和11年（1936）5月に開館。かつては住友家の本邸があった場所で、美術館建設を目的に日本庭園「慶沢園」（けいたくえん）とともに大阪市に寄贈された。

本館は鉄骨鉄筋コンクリート構造の地下1階、地上3階、塔屋1階付で、昭和11年（1936）4月に完成し、平成27年（2015）に国の登録有形文化財に登録されている。常設展示では市による購入品は勿論であるが、個人からの寄付なども多く、これらの作品には国宝や重要文化財に指定された作品も多く含まれている。日本・中国の絵画・彫刻・工芸など8000を超える収蔵品と、社寺などから寄託（きたく）された作品を随（ずい）時陳列している。

また地下展覧会室では、常設様々な美術団体が主催する展覧会を開催しており、本館地下には美術館に付設されている美術研究所があり、素描（そびょう）、絵画、彫塑（ちょうそ）の実技研究を行っている。

天王寺動物園
地図P30B2 P65 参照

天王寺公園に隣接する天王寺動物園は、大正4年（1915）に日本で3番目の動物園として開園した。約11haの園内には、ゾウ・ライオン・チンパンジーなどをはじめ、天王寺動物園でしか見ることのできないニュージーランドの国鳥・キーウィや、人気者のコアラなど、およそ180種1000匹の動物が飼育されている。

動物の生息地の景観を可能な限り再現し、そこに暮らす動物の様子を紹介する「**生態的展示**」（ちゅうるい）が特徴で、爬虫類生態館「アイファー」、カバやキリン、ライオンなどが暮らす「アフリカサバンナゾーン」などでは生き物が暮らす自然環境を感じられる。

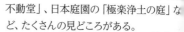

餌を食べる動物たちの生き生きした姿を見ることができるごはんタイムやおやつタイム、飼育員によるワンポイントガイド、夜間のナイトZOOなど、様々なイベントや体験が楽しめる。

四天王寺
地図P30C1 P64 参照

推古（すいこ）天皇元年（593）、聖徳太子が建立した日本初の本格的な仏教寺院であり、天王寺という地名の由来にもなっている。聖徳太子が、蘇我馬子（そがのうまこ）とともに物部守屋（もののべのもりや）との合戦に勝利したことを受けて、四天王を安置するために建立したと伝えられる。

全敷地面積33,000坪、甲子園球場の3倍の広さをもつ四天王寺の境内には聖徳太子を祀っている「太子殿」や、近畿三十六不動尊第一番の霊場の「亀井不動堂」、日本庭園の「極楽浄土の庭」（がらん）など、たくさんの見どころがある。

創建以来戦禍（せんか）を被り、多くの堂宇（どうう）を失っているが、現在の建物は創建当時の飛鳥（あすか）時代の様式を忠実に再現したもので**日本最古の建築様式**の一つである四天王寺式伽藍（がらん）配置を見る事も出来る。

毎年4月22日、聖徳太子を偲（しの）んで行われる「聖霊会舞楽大法要（しょうりょうえ）（国の重要無形民俗文化財）」では、「天王寺舞楽」が舞われるほか、毎月21日（大師会）、22日（太子会）の2日間は縁日が催され、法要だけではなく境内は露店で賑わう。

らべのハルカス

地図P30C3 P62 参照

　日本一高いビルあべのハルカス。平成26年（2014）にオープンした地上
300mの超高層複合ビルである。

　最上層の展望台「**ハルカス300**」は58階から60階にわたっており、下から屋
上広場「天空庭園」、ショップ「SHOP HARUKAS 300」、東西南北360度に
足元から天井までガラスを配した屋内回廊「天上回廊」に分かれる。大阪はもと
より、天気によっては京都から六甲山系、明石海峡大橋から淡路島、生駒山系、
そして関西国際空港などが一望できる。「人の心を晴れ晴れとさせる」意味を持
つ古語「晴るかす」らしい爽快感が人気である。

　さらに地上300mの吹き抜ける風を浴びられる屋上のヘリポートを見学する
ことができる「ヘリポートツアー」（当日申込み・有料）や、「制震振り子」など日
本一の超高層ビルを支える設備などを見学できる「あべのハルカス探検ツアー」
（10名以上で事前申込み・有料）などがあり、眺望だけではない体験を楽し
めるプランもある。

阿倍野防災センター（あべのタスカル）

地図P30B3 P62 参照

　体験を通じて、災害に対応する知識や技術、必要な行動を学べる施設。予
想される南海・東南海地震や南海トラフ巨大地震などの大災害に備えるため、
自分の住む地域の特性に応じた災害危険を認識することは重要である。

　平成31年（2019）にリニューアルされており、煙中避難体験により煙の怖
さや正しい避難姿勢を学ぶ「煙を学ぶ」や起震装置と映像で地震の怖さを
学ぶ「震度7体験」など、様々な体験を通じて、消火・避難・救助といった災
害時に必要な一連の行動や備えをツアー形式で学習できる。特に災害発生
直後のがれきの街を再現した余震体験などはリアルな危機意識を抱かせる。

勝鬘院（愛染堂）
地図P30C1 P64 参照

もともとは四天王寺の四箇院と
いう施設の一つ、施薬院だったと
され、聖徳太子が推古天皇元年
（593）に建立したという。四箇院
とは敬田院、施薬院、療病院、
悲田院の４つであり、敬田院は
寺院そのもの、施薬院と療病院
は現代の薬草園及び薬局・病院
に近く、悲田院は病者や身寄りの
ない老人などを救う施設。いわば
社会福祉のはしりとも言える。
のちに聖徳太子が施薬院で勝
鬘経を講じ、勝鬘夫人の仏像を
本堂に祀ったことから勝鬘院と
言われるようになった。平安時代
以降は金堂に愛染明王を本尊
として祀るようになり、愛染堂と
通称されるようになる。毎年６月
30日、７月１・２日に開催される、
大阪の三大夏祭りのひとつ愛染
祭は本院の祭りである。
境内には、慶長２年（1597）に豊
臣秀吉が再建した多宝塔（重要
文化財）や飲むと愛が叶うとい
われる「愛染めの霊水」がある。

ベイエリア

大阪港に注ぐ安治川（あじがわ）の河口に面した天保山は標高4.53mの築山で、日本一低い山と記載され、その周囲一帯は天保山公園と
なっている。そこには、海遊館、天保山大観覧車の人気スポットがあり、大阪ベイエリア観光の目玉のひとつとなっている。平成9年
（1997）の大阪港咲洲トンネル開通により、天保山のある築港地区と、対岸の人工島大阪南港とはひとつに結ばれ、従来は「大阪
港」駅までだった地下鉄中央線が南港側の「コスモスクエア」駅まで延伸している。一方、地下鉄四つ橋線の「住之江公園」駅を起点
とする南港ポートタウン線も「中ふ頭」駅から同じく「コスモスクエア」駅まで延びて、大阪港を一周するループ軌道が完成した。南港
の施設は、国際交流や貿易をテーマにしたものが多く、国際見本市会場のインテックス大阪をはじめ、ATC（アジア太平洋トレードセ
ンター）、大阪府咲洲庁舎（旧WTC）、大阪南港野鳥園など、観光客の方が十分楽しめる地域になっている。

天保山大観覧車
てんぽうざん

地図P34C1 P65参照

大阪港のウォーターフロント、天保山ハーバービレッジにある大観
覧車で平成9年（1997）開業。一周15分の空の旅の間、ゴンドラ内
では日本語と英語で景色の説明が流れる。

直径100m地上高112.5m、世界最大級からの眺めは、生駒山（いこま）、
明石海峡大橋（あかし）、関西国際空港、六甲山などを一望できる。ゴンドラ
は60基、うち8基が側面・底面が透明なシースルー、さらに車いす
のまま搭乗できるバリアフリー型もある。

夜間は、キャビンと回転軸がイルミネーションのように輝きを放つ。
多彩なLED照明で翌日の天気予報を知らせる演出やダイナミックで
リアルな花火や繊細で幻想的な巨大万華鏡、その他多彩な光のアー
トは、大阪の夜の名物のひとつである。

ちょっと知識

江戸時代初期までの安
治川河口は洪水がたび
たび起こり、上流から
土砂が堆積（たいせき）して水深が
浅くなり、船便が十分
な機能を果たすことが
できませんでした。この
ため、天保2年（1831）
に安治川の土砂を盛っ
てその上に燈籠（とうろう）を置
き、入船の目印としたのが
「天保山」です。

天保山公園

遊館
地図P34C1 P63 参照

平成2年（1990）に開館した世界最大級の
族館。この海遊館のカラフルな外観デザイン
、一番下のブルーは海、真ん中の赤は火山を
したもの。

建物全体で『環太平洋火山帯』を再現して
て、中央に深さ9m、水量5400tという巨大な
太平洋」水槽をすえて、そのまわりを14の水
が取り囲む。8階からスロープを下りながら、
界各地に生きる様々な生き物や海の表情を
近に見ることができる。

巨大な水槽の中には、世界最大の魚「ジン
エザメ」をはじめ大型回遊魚たちが悠々と泳
いでいる。また、水中だけでなく水辺の生き物
の姿もみることができ、全体で約620種、3
点が飼育展示されている。漆黒の空間でク
ラゲを展示する「海月銀河」も人気。再入館手
きをすれば、当日なら何度でも入館可能。夜
時以降に入館すれば、生き物たちの夜の生態
垣間見える。他にも、海遊館バックヤードを
見学できるガイドツアーも用意されていて、生
き物や飼育の裏話などを分かりやすく紹介し
ている（有料・要予約）。

ジーライオンミュージアム
地図P34C1 P64 参照

赤レンガ倉庫を用いたクラシックカーミュージアム。敷地面積
3000坪の倉庫4棟に、国内外、往年のクラシックカーが集め
られている。

名高いロールスロイスやTOYOTA2000GTなどの名車の
数々を「動く状態」で展示していることも特徴の一つ。館内は4
つの展示場に分かれており、1900年から1950年の代表的なク
ラシックカー、およそ100台が地域別に展示されている。事前
に予約をすれば、アテンダントスタッフによる説明を受ける事が
できる。

築港赤レンガ倉庫は、大正12年（1923）に住友倉庫によって
建設されたが、倉庫としての役割は平成11年（1999）に終わり、
管理も大阪市に移管された。

近代化遺産としても価値の高い赤レンガ倉庫はリノベーション
され、往時のロンドンやニューヨークの街並みのような空間を演
出しており、クラシックカーをより魅力的に見せている。

さきしまコスモタワー展望台

地図P34B3 P64参照

大阪ベイエリアの咲洲（さきしま）の中心にそびえる、高さ256.0m、地上55階・地下3階建ての超高層ビル。1階から52階までは、シースルーエレベーターで景色を楽しめ、53階からは全長42mのロングエスカレーター、55階の展望台は全面ガラス張り東西南北360度を見渡せ、大阪湾岸部、淡路島（あわじ）、明石（あかし）海峡大橋、関西国際空港などが一望できる。

もともとは大阪ワールドトレードセンタービルディング（WTC）という名称だったが、平成22年（2010）大阪府に譲渡された。一時、大阪府庁の全面的な移転が構想され、名称も大阪府咲洲庁舎となっているが、現状、全面移転は実現していない。ビル内は、オフィスの他、各種商業施設など娯楽施設が充実している。

おおさかATCグリーンエコプラザ

地図P34A3 P62参照

企業の環境問題への先進事例や取り組みを紹介する場として平成12年（2000）に開設。総面積4500㎡のフロアはエネルギー安定供給への取り組みをはじめ、低炭素社会実現に向けての商品・サービスや仕組みを紹介する「**エネルギーと環境ビジネスゾーン**」や、環境教育や環境学習に取り組む企業や団体を紹介する「**環境教育ゾーン**」、地球環境の悪化に伴い増加する災害への対策を紹介する「**環境防災ゾーン**」など10のゾーンに分かれた総合展示場となっている。学校向けの校外学習プログラムも充実しており、環境に関する最新技術や製品の紹介、環境学習に特化した体験スポットなどを専任スタッフが案内してくれる。現在我々が直面している地球温暖化など環境への問題意識を高める場所と活用したい。

ATCエイジレスセンター

地図P34A3 P62 参照

　介護・福祉・健康関連の分野で役立つ情報や、便利な道具を紹介する施設として平成8年（1996）に開設。フロアは9つのゾーンに分かれており、高齢者の擬似体験ができる「**生活改善などのご提案ゾーン**」や、「**車いす体験コースと各種車いすの展示ゾーン**」、年齢やハンディを意識せずに生活できる提案が盛り込まれた「**バリアフリーな理想の街づくりのシミュレーションゾーン**」など体験型展示が充実しており、介護が必要な人たちの大変さを身体で体験できる。

　また、シルバーカー、歩行器、杖、車両など福祉に関連する製品を数多く展示しており、介護保険などの制度を紹介するコーナーも設けられている。高齢者人口は「団塊の世代」が75歳以上となる2025年には3677万人に達すると見込まれており、高齢社会に対応した情報を知る場として当施設はますます重要になってくる。事前予約をすれば、フロアスタッフによる案内も受ける事ができる。

かねふくめんたいパークATC

地図P34A3 P63 参照

　日本の国民食とも称される明太子は朝鮮半島由来の食品といわれ、スケトウダラの卵巣を辛子入りの調味料につけたもの。明太子という呼び名は韓国語でスケトウダラを「明太（ミョンテ）」と書かれたことに始まる。その明太子が日本で食べるようになったのは、20世紀に入ってからといわれている。ここはそんな明太子の老舗かねふくが運営する明太子専門テーマパーク。明太子の歴史やふるさと、明太子の作り方を紹介する「**めんたいラボ**」や、下味をつける様子など明太子が商品化されるまでの製造工程を見学できる「**工場見学**」などがあり、明太子に関しての知識はもちろん、食品が安全安心に我々家庭に届けられる企業の活動を学ぶ事ができる。また、パーク内には出来立ての明太子を購入することができる直売所などがある。

その他のエリア

提供：大阪府

南アジア展示場

万博記念公園

地図 P4A2・3 P66 参照

「日本万国博覧会（大阪万博）」の跡地を整備した公園で、総面積約260ha。園内には、国立民族博物館や各パビリオンを撤去した跡につくられた自然文化園、もともとパビリオンであった日本庭園や大阪日本民芸館、大阪万博の映像・写真などを展示するEXPO'70パビリオン、EXPOCITYなどの文化・スポーツ・レジャー・宿泊施設が集まっている。

77か国が参加した大阪万博は、昭和45年(1970)に開催された。テーマは「人類の進歩と調和」。そのテーマ館の一部として建てられた「太陽の塔」が、自然文化園の中心に現在もそびえている。岡本太郎氏の作品で、約50年たった今も独特な存在感で圧倒される。塔を中心に西から東へ、森から里山、芝生の平野に続くようにデザインされていて、四季の変化やいくつもの水の流れなど、日本の風景が感じられる。

国立民族学博物館 (万博記念公園内)

地図 P4A2・3 P64 参照

世界各地の人々のくらしや固有の文化、社会情勢などを紹介し、世界の諸民族についての認識と理解を深めることを目的として昭和52 (1977)年に開館。本館展示は地域展示と通文化展示で構成されている。

地域展示では世界をオセアニア、アメリカ、ヨーロッパ、アフリカ、アジア各地域に分け、オセアニアを出発して、東回りで日本にたどり着く構成をしている。世界でもっとも大きな貨幣といわれるヤップ島の石貨や、表面だけ各国で違うデザインをしているユーロ硬貨など、古いものから新しいものまで年代を問わない展示が面白い。

通文化展示では太鼓・ギターといった「音楽」、コミュニケーションに

オセアニア展示場

東南アジア展示場

国立民族学博物館提供

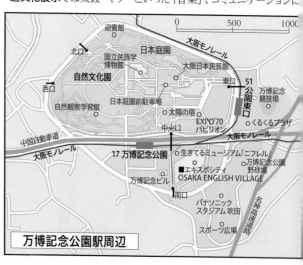

万博記念公園駅周辺

可欠な「言語」など、地域ではなく特定のジャンルから世界の民族
化を紹介する展示を行っている。そのほか、特別展や企画展、文
人類学や民族学に関連した研究公演や映画鑑賞会、ワークショッ
などのイベントも開催している。学校団体向けに「みんぱくワーク
ート」があり、HPからダウンロード可能。

太陽の塔 (万博記念公園内)

地図 P4A2・3 P65 参照

昭和45年 (1970) に開催された日本万国博覧会のテーマの一部
として、芸術家・岡本太郎によって制作された高さは約70mの造型
物。外観は金色に輝き未来を象徴する「黄金の顔」、現在を象徴す
る正面の「太陽の顔」、過去を象徴する背面の「黒い太陽」。そして、
人間の精神世界を象徴する「地底の太陽」という4つの顔持ってお
り、過去・現在・未来を貫いて生成する万物のエネルギーの象徴と
して、一目見たら一生忘れられないような強烈な印象を与えてくれる。

生命の樹　　　　　　　　　　　提供：大阪府

大阪万博当時はテーマ館として内部が公開されていたが、大阪万
博閉幕後の48年間にわたり、原則非公開とされてきた。しかし、平成
30年 (2018) に大規模な改修工事を終えて一般公開が再開された。

内部には生命の進化の過程を表している高さ約41メートルの**「生命の樹」**が
そびえ立ち、樹にはアメーバなどの原生生物から魚類、恐竜、人類など183体の
生物模型群が取り付けられており、鮮やかな色とユニークな姿で見学者を楽し
ませてくれる。その他、建設当時の写真などパネル展示もあり、太陽の塔につい
てさらに深く知ることができる。なお、見学は太陽の塔オフィシャルサイトより
事前予約が可能でスタッフによる案内を受ける事ができる。

大阪日本民芸館　第一展示室

大阪日本民芸館 (万博記念公園内)

地図 P4A2・3 P63 参照

「民藝運動」の西の拠点として開館。もともとは、東京にある日本民藝館が、
「暮らしの中でつちかわれてきた工芸品の実用性に即したうつくしさを見てもら
おう」と大阪万博に出展したものを引き継いだ。

「民藝」とは 柳 宗悦らが提唱した新しい美の概念で、民衆的工芸の意味。
民衆の用いる日常品がもつ「用の美」に着目される。屋内の展示室は回廊式で
第一展示室から第四展示室へ自然な流れでゆったりと鑑賞でき、石敷の中庭
には全国各地の壺・甕・鉢が配された野外展示場となっている。本館の収蔵
品を中心に、陶磁器、染織品、木漆工品、編組品など国内外の優れた工芸
品を展示する。春季と秋季に、年2回の特別展を開催、記念講演もある。

河井寛次郎 (かわいかんじろう)
呉須筒描花手文扁壺

棟方志功 (むなかたしこう)「大世界の柵『乾』―神々より人類へ」

WONDER MOMENTS

うごきにふれる

ニフレル（エキスポシティ内）

地図 P4A2・3 P66 参照

　「感性にふれる」をコンセプトにしたミュージアム。水族館、動物園、美術館のジャンルを融合し、生き物たちの姿や能力などの特徴を、動くアートのように、美しく魅力的に展示している。展示エリアは多様性をテーマに構成されていて、いろ（色彩の多様性）、わざ（行動の多様性）、すがた（形態の多様性）など、テーマ別に8つのゾーンで生きものたちの不思議さとおもしろさを発見できる。また、松尾高弘氏によるアート空間「WONDER MOMENTS」も必見。宙から星を眺めるような神秘的な空間に、水の彫刻や花木、宇宙などが球体に描かれ光のシャワーが降り注ぐ。

　このほか、生きものたちが遊びまわる「うごきにふれる」、ホワイトタイガーや世界三大珍獣のミニカバたちが暮らす「みずべにふれる」など見どころが多い。

OSAKA ENGLISH VILLAGE（オオサカイングリッシュビレッジ）

（エキスポシティ内）地図 P4A2・3 P62 参照

　英語を楽しみながら学ぶ、体験型英語教育施設。教育施設ではあるが、館内はアメリカの街並みが再現されており、エンターテイメントの要素もある。

　アメリカの日常や歴史、文化を再現した空間「シチュエーションルーム」で様々な場面にそったレッスンを受けることができる。ネイティブアメリカンのお祭りや、住居、スポーツについて体験しながら学べる「Native American Village」、考古学者になって恐竜の化石を発掘体験ができる「Dinosaur Park」、俳優になりきって、感情表現を学んだり、早口ことばに挑戦する「Hollywood」など、多種多様なシチュエーションルームは、今までにない面白さ。まるで、アメリカに旅行に来たかのように、自然と英語に触れられる。

　レッスンはすべてネイティブスピーカーにより英語で行われ、シチュエーションに応じた会話の中で、英単語や英語表現を学ぶことができる。学習の進度、学年にかかわらず、修学旅行・校外学習での団体利用も可能。

提供：大阪府

日本庭園 （万博記念公園内）

地図 P4A2・3 P66 参照

　大阪万博に政府出展施設としてつくられた庭園で、自然と緑の多い憩いの場は未来空間的な近代建築パビリオンと好対照であったという。園内は東西1300m、南北200m（約26万㎡）と細長く、西から東へせせらぎが続いている。水の流れは、人類の進歩と時の流れを象徴しており、全体として調和のとれた一つの作品を作ることを意図している。

　上流から上代（じょうだい）・中世・近世・現代と四つの地区で構成され、それぞれの時代の様式が楽しめる。上代は平安時代の貴族が遊びや儀式を行った日本庭園など、中世は鎌倉・室町時代の枯山水（かれさんすい）や池泉回遊式（かいゆうしき）の庭園。茶室を備えた茶庭もある。近世は江戸時代の大名庭園、現代は自然石を使用せずに直線で切り取られた切石がオブジェを思わせるモダンな庭に仕上がっている。平等院（上代・京都府宇治市）、大仙院（中世・京都市）、後楽園（近世・岡山市）、松尾大社（現代・京都市）などの庭園様式を模していて、「庭園博物館的な機能」を持つといえるだろう。

EXPO'70パビリオン （万博記念公園内）

地図 P4A2・3 P62 参照

　大阪万博の記念館として、平成22年（2010）にオープンし、資料や情報の収集・展示活動を行っている。館内には当時展示されていた寄贈展示品や新たに作られた模型など約80品目、約3000点が展示されていて、大阪万博の時事、そして跡地である万博記念公園の変遷などを知ることができる。映像や資料からは、約6400万人余りが詰めかけた熱気と華やかさ、エネルギーが伝わってくるようだ。

　建物はもともと日本鉄鋼連盟が出展した鉄鋼館というパビリオンである。「鉄の楽器」がイメージされており、館内にある円形のホール「スペースシアター」では、博覧会期中は様々な公演が行われ、フランスの芸術家フランソワ・バシェが製作した鉄の楽器彫刻が展示されていた。現在、直接中には入れずガラス越しではあるが、大阪万博独自の雰囲気を感じることができる。

提供：大阪府

カップヌードルミュージアム

地図P4A5 P63参照

　昭和33年(1958)、大阪府池田市で世界初のインスタントラーメンである「チキンラーメン」を生み出した日清食品創業者安藤百福とインスタントラーメンの歴史を紹介する体験型ミュージアム。

　館内にはチキンラーメンを開発した場所である自宅裏庭の小さな小屋が再現されており、アイデア一つで世界的発明を遂げられることを教えてくれる。また、安藤百福の足跡やインスタントラーメンの歴史なども分かりやすく展示しており、約800種類のパッケージが並んだ「インスタントラーメン・トンネル」は圧巻である。そのほかクイズ形式・映像でインスタントラーメンへの理解が深められるコーナーもあり、世界でひとつだけのオリジナルカップヌードルを作ることができる「マイカップヌードルファクトリー」や、小麦粉からチキンラーメンを手作りする「チキンラーメンファクトリー」など、新しい食文化となったインスタントラーメンについて楽しんで学べる施設となっている。

小林一三記念館

地図P4A5 P64参照

　阪急電鉄、宝塚歌劇、阪急百貨店、東宝といった事業を築き上げた阪急グループの創始者小林一三の功績を紹介する記念館。館内は主に白梅館、雅俗山荘、茶室の3つのエリアに分かれており、「白梅館」は阪急電車の車両をイメージする仕切りを用いた展示室で過去と現在の2つのエリアから構成されている。内側では現在のグループ事業の取組をモニターに映し出し、外側ではそれら事業を創始した彼の独創的な発想や工夫を当時の写真や資料で紹介している。小林一三の旧邸である洋館「雅俗山荘」はその生涯について紹介するとともに、文化人としての側面もあった彼の趣味の茶の湯、俳句、著書など美術品を展示している。「茶室」は館内に3つあり、特に日本で最初に考案した椅子式の茶室「即庵」は一三が発想豊かな人物であったことが伺える場所といえる。また、記念館は建造物としても見どころであり、「雅俗山荘」、茶室「即庵」・「費隠」、正門の「長屋門」及び「塀」は国登録有形文化財に認定されている。

ダスキンミュージアム

地図P4C4 P65 参照

　モップ・マットのレンタルや、清掃サービス、ミスタードーナツなどのフードサービスで有名なダスキンが運営するミュージアム。館内は「おそうじ館」と「ミスドミュージアム」で構成されており、1階「ミスドミュージアム」ではミスタードーナツの原点と事業導入への熱い想いを展示した「ミスタードーナツ魂」や、年代ごとの商品や店舗デザインの移り変わりを展示する「ミスタードーナツヒストリー」がある。他にも1号店からこれまでにオープンした全900店舗以上を写真で紹介するコーナーや、美味しさへのこだわりや環境への取組を展示するコーナーなどがある。事前に予約をすればドーナツの手作り体験もできる。

　2階「おそうじ館」ではおそうじの歴史や文化、掃除道具の変遷などが分かるコーナーや、空気中のハウスダストや細かなホコリを実際に目で見る事ができるコーナーなどがあり、そうじのコツをつかめる展示となっている。ハウスダストをシューティングで撃退する、遊びながら学べるシアターアトラクションも体験できる。

ポンプ

日本民家集落博物館

地図P4B4 P66 参照

　日本各地の代表的な民家を移築復元し、関連民具と合わせて展示する為に昭和31年（1956）に日本で最初に設置された野外博物館。約36,000㎡の敷地内には、宮崎県の「日向椎葉の民家」、岐阜県の「飛騨白川の民家」、大阪府の「摂津能勢の民家」など12棟の美しい日本民家が公園の緑に包まれて散在し、別世界で遊んでいるようなのどかさを漂わせている。民家のそ

水道記念館
地図P4D3 P65 参照

大阪市の水道事業の役割や水の大切さ、浄水場の仕組みなど紹介する学習施設。館内では江戸時代の街並みを再現したエリアや大正時代に実際に使用されていたポンプなどを展示し、現在に至る水道の歴史を紹介するとともに、映像とグラフィックパネルで水道の仕組みを紹介している。またペットボトルで水の使用量を比較したコーナーやクイズ形式で見学したことを復習するコーナーなどもあり、我々が普段何気なく利用する水の知識をより一層深められる場所となっている。

れぞれの風土や気候に応じた建築は、調和を図りながら生活を営んでいた人々の知恵が随所にうかがえ、工夫を比較できる場所としても利用できる。また内部も見学することができ、その地域の生活に密着した民具も展示されおり、当時の日本民家の暮らしぶりが垣間見える。

飛騨白川の民家

中央通

大芝生

花博記念公園鶴見緑地

地図 P4D1 P66 参照

　昭和16年（1941）に過密都市対策の一環として計画された大阪を代表する四大緑地のひとつ。鶴見区と隣接する守口市にまたがるグリーンゾーンとして昭和47年（1972）に開園。平成2年（1990）に開催された「国際花と緑の博覧会」の会場となり、博覧会終了後に都市公園として再整備された。約122.56ha（大阪城公園は総面積105.6ha）になる広大な公園には、植物園である「咲くやこの花館」や、イベント会場「ハナミズキホール(水の館ホール)」など文化系施設と、乗馬苑やパークゴルフ場、運動場などスポーツ系施設があるほか、キャンプ場やBBQ場などアウトドア施設も完備されており、週末には大勢の人で賑わう。また園内を歩くと日本庭園、国際庭園、子どもの森、木立の中を流れる緑のせせらぎ、里山や田園を思わせる自然体験観察園、草花のスロープの花さじき、バラ園、風車などがあり、大都市の中で豊かな四季を感じさせてくれる場所となっている。

鶴見緑地周辺

中央噴水

バロボラッチョ

咲くやこの花館

地図P4D1 P64 参照

　平成元年 (1989) に「国際花と緑の博覧会」のメインパビリオンとして建設され、平成2年 (1991) にオープンした国内最大級の大温室。名称は古今和歌集にうたわれている「難波津に咲くやこの花冬ごもり　今は春べと咲くやこの花」の古歌に由来するもの。館内はカトレアなど多種類のランやスイレン、絞め殺しの木で知られるガジュマルなどの熱帯ジャングルが広がる「熱帯雨林植物室」からはじまり、ハイビスカスといった熱帯の代表的な植物やバナナやパイナップルの実、世界最大の花ラフレシアなどを展示する「熱帯花木室」、サボテンやバオバブなど乾燥地で独特な進化を遂げた植物を展示する「乾燥地植物室」、室内の温度を常に20℃以下に保ち展示する「高山植物室」などがあり、熱帯から極地まで約5500種15,000株の植物が栽培されている。また、植物室に隣接した庭園を設けており、屋外で育てられるサボテンなどを展示したデザートガーデンや、日頃食料に衣料にと利用している植物を観察できる「役立つ植物広場」など興味が湧(わ)いてくる展示を行っている。1年を通して季節ごとに様々なイベントも開催している。アテンダントが花にまつわるエピソードや由来などを紹介する「フラワーツアー」も行っているのでぜひ活用したい。

ムスカリ

デザートガーデン

メコノプシス

コマクサ

熱帯花木室

熱帯スイレン

津波・高潮ステーション
地図P6D6 P65 参照

ダイナキューブ（津波災害体感シアター）

高潮被害トンネル

　かつて大阪を襲った高潮や、近い将来必ず大阪を襲うといわれている南海トラフ地震など、地震・津波の発生時の対応などを学べる施設。館内には大阪が海面より低いこと、潜在的な危険があることを展示で実感できる「海より低いまち大阪」や、河川に流れ込んだ海水が大阪城まで押し寄せた昭和9年（1934）の室戸台風などの過去の高潮災害を紹介するとともにその教訓から整備された防災設備を展示する「災害をのりこえ着実な高潮対策」、津波のメカニズムや対策と大きな津波災害を経験した先人の教訓などを紹介する「高潮とは異なる津波の脅威」や、日頃から心がけておきたいことや災害にあった時の適切な行動を確認し、命を守る知恵を身に付けられる「津波災害から生命を守る知恵」などのコーナーがある。音と映像によって包み込まれるような迫力の中で津波の脅威を体験できるダイナキューブ「津波災害体感シアター」などもあり、災害への備えの大切さを様々な展示で我々に伝えてくれる。団体の場合事前に予約をすればアテンダントスタッフの説明を受ける事ができる。

Amazing Kart ISK 大阪舞洲店
地図P5B6 P62 参照

　F1レーサーさながらの体験ができるサーキット施設。面積約198㎡の広々とした空間に赤と白を基調にしたカントリー風の内装が特徴。カートは1人乗りと2人乗りがあり、タイムアタックや2人で操縦を楽しめる。コースはハイスピードコースとテクニカルコースの二つに分かれており、アテンダントがライン取りとパッシングポイント、ブレーキポイントなど速度調整を説明してくれるので、初心者でも最初から路面スレスレを走るスピード感を楽しむことができる。また、カートに乗らなくても併設されたカフェでゆったりと過ごすこともできる。

阪広域環境施設組合 舞洲工場
地図 P5B6 P62 参照

大阪湾に浮かぶ人口島舞洲にあるごみ処理施設。特な外観は、環境保護芸術家・故フリーデンスライヒ・フンデルトヴァッサーのデザインで、「技術とコロジーと芸術の調和」をあらわしている。彩色かで曲線が多用されている外観は、群を抜いた抜さの独特なもの。外観自体も見応えがあるが、前予約で**施設内も見学**ができ、処理の仕組みをデオや模型などで学ぶことができる。

舞洲工場には、一般ごみを処理する焼却設備と大ごみ処理設備があり、それぞれ900t/日、170t/日のごみを処理で る。焼却されたごみは完全に灰になり埋め立て地へ送られ、大量の余は発電や暖房・給湯などのほか、舞洲スラッジセンターへも供給され 。粗大ごみは破砕機（はさいき）にかけられ小片となったあと、リサイクルされる。

舞洲スラッジセンター（下水汚泥処理施設）
地図 P5B6 P66 参照

下水を処理した際に出る汚泥を処理する汚泥集中処理施設である。一日750 の汚泥を処理でき、大阪市の下水処理場から送られてくる汚泥の半分以上が 集まるという。汚泥は脱水・乾燥・溶融の順番で処理され、最後に残る溶融スラ ブは埋め戻し材等に使われる。

舞洲工場と同じく、デザインは環境保護芸術家・故フリーデンスライヒ・フンデルトヴァッサー。場内にユニークなデザインのエントランスホールや遊歩道、せせらぎ、東屋（あずまや）、ベンチなどは開放されているが、**内部見学**には事前予約が必要であり、楽しみながら環境について学ぶことができる。

大阪人権博物館（リバティおおさか）
地図 P7C5 P63 参照

昭和60年（1985）に開館した博物館で、人権に関する歴史資料の収集、保存、調査研究、展示公開を行っており、人権意識の伸長に寄与している

総合展示では「いのち・輝き」「共に生きる・社会をつくる」「夢・未来」とゾーンを設け、女性、性的少数者、薬害エイズ、在日コリアン、沖縄、アイヌ民族、ハンセン病回復者、障害者、ホームレス、被差別部落、いじめなど、さまざまなテーマを資料と映像によって展示しているほか、特別展や企画展、イベントを随時行っている。学校向けの学習プログラムも提供しており、体験コーナーやワークシート、スターティングガイドが用意されている。

京都で全国水平社が創立されたのは大正11年（1922）3月3日のことである。ここ旧西濱（にしはま）地区にも西濱水平社が創設されており、本館のほど近い浪速東3公園には、西濱水平社発祥之地碑が今も残る。

© 大阪市立自然史博物館

大阪自然史博物館
地図P5D3 P62 参照

自然史系の専門博物館で、大阪平野の生いたちや、人間と自然とのかかわりなどを展示解説している。大阪府下で出土した恐竜の骨格標本や各種の貴重なコレクションをもち、とくに、トリケラトプスをはじめとした恐竜やナウマンゾウ、ナガスクジラの骨は迫力満点。

「身近な自然」「地球と生命の歴史」「生命の進化」「生物の多様性」「生き物のくらし」と題した展示室をはじめ、特別展も随時開催。様々な観察会や講演会などを年間80〜100回程度行っている。

植物園とは隣接しており「花と緑と自然の情報センター」という施設では「大阪の自然誌」として、大阪で見られる生き物や地層・岩石なども展示している。

住吉大社
地図P5D3・4 P65 参照

大阪では「初詣といえば、すみよっさん」と親しまれ、三が日には参詣者二百□人が訪れる。摂津国一の宮、全国約2300社余の住吉神社の総本宮であり、□筒男命・中筒男命・表筒男命（以上3柱を住吉大神と総称する）・□功皇后を祀る。「祓の神」「航海安全の神」「和歌の神」「農耕・産業の神」「□の神」「相撲の神」として崇められ、およそ1800年前に創建されたという。

本殿が4つに別れていて、第一本宮から第三本宮までが縦に、第四本宮は□三本宮の横に並び、船団のように見える独特のもの。それぞれ、屋根は檜皮□妻入式切妻造、柱は赤い丹塗、壁は白い胡粉塗になった住吉造で、**大阪□内唯一の国宝建造物**として知られている。このほか、**太鼓橋**や角柱の住吉鳥居□池上の橋を利用した石舞台など、建築面でも見どころが多数あり、住吉祭など各種祭礼行事も多い。

長居植物園
地図P5D3 P66 参照

長居公園の約3分の1（総面積24.2ha）を占める都会のオアシス。約1200□種の植物があり、ツバキ園、ボタン園、バラ園、ハナショウブ園、アジサイ園、ハーブ園など11園の専門園、580㎡の大花壇などでは季節の花々を楽しめる。

550種以上の樹木があり、その中には生きた化石メタセコイアや、巨木樹として知られるセコイア（第三紀植物群）、アケボノゾウが生きていたころの明石植物群、1万年〜200万年前の大阪の原生林（氷期・間氷期植物群）、照葉樹林二次林など、大阪の樹林を時代別に再現している。

長居植物園の場所は、7世紀頃の難波大道と磯歯津道の交差点にあたり、当時多くの官人や海外からの訪問者が行き交っていたといわれる。それにちなみ、園内には万葉集にうたわれる万葉植物を楽しめる「万葉のみち」が整備されている。

ヒマワリ

アジサイ

ハートの大花壇

コンペイトウミュージアム

地図P5D1 P64参照

金平糖について「見て・聞いて・作れる体験型」のミュージアム。直径1mmの中にも立派な角をもつ「世界一小っちゃな金平糖」を開発した同社により、こんぺいとうの手作り体験や、シュガーアート教室などが行われていて、金平糖を通じて文化や歴史を楽しみながら学ぶことができる。

カステラやボーロと同時期に日本にやってきた南蛮菓子・金平糖(コンフェイト)は、天文12年(1543)種子島にメンデス・ピントが漂着して以降、日本にも伝えられた南蛮文化の一つである。誰でも一度は目にしたことがありながら、どうやって作るか、そもそもなぜ角があるかなど、あまり知られていない。ちなみに日本で最初に食べたのは織田信長だといわれている。

製造の様子

関西国際空港(KIX)(わくわく関空見学プラン)

地図外 P64参照

関西三空港(大阪国際空港・関西国際空港・神戸空港)の一つで、世界初の「完全人工島からなる海上空港」。平成6年(1994)9月に開港し、年間約2941万人の旅行者が往来をしている。

第1ターミナルビルはイタリア建築家レンゾ・ピアノの設計による地上4階建ての本館と南北に伸びるウイングで構成され、上空から見ると「翼を休める鳥」を思わせる。併設するエアロプラザは、ホテルや土産物店等の商業施設のほか、鉄道駅や第2ターミナルビル(LCC専用)への連絡バス発着地となっている。

飛行機を間近でみるには、関空展望ホール「スカイビュー」が最適で、空港や飛行機のことを学べる体験型のミュージアムや航空関連グッズショップもあり、第1ターミナルビルから無料バスが出ている。

バスツアー「わくわく関空見学プラン」もおすすめである。

> **わくわく関空見学プラン**
> **新・関空の裏側探検コース(個人向け)**
>
> 空港・飛行機について学ぶツアー。バスで通常は入ることができない国際貨物地区・機内食工場・管制塔・国内貨物地区などを車窓見学、降車ポイントでは飛行機の離着陸が間近に見られることも。
> 【運行日】土・日・祝、特定日
> 【時間】①12時 ②13時半 ③15時の一日3回　　所要時間60分
> 【定員】各回50人
> 【参加料】500円
> 【申込方法】WEB予約ページで事前申込(当日申込はSky View エントランスホール1F関空ツアーデスクにて11時より受付開始)
> 【お問合せ先】072-455-2082(9:00~18:00)

> **スカイミュージアムとは**
>
> 関空展望ホール「スカイビュー」のメインホール3階にあり、全長約30m、1/72のターミナルビル&旅客エプロンジオラマや、実寸大コックピットなどのシミュレーターで空港や空の仕事を見学・体験できるコーナーや、飛行機はなぜ飛ぶのかなどの初歩の航空工学をイラストパネルで学ぶコーナー、200インチ大画面映像シアターなどの体験型展示が充実した施設。空港や飛行機、そして関西空港についてより理解を深められる場所となっている。

わくわく関空見学プラン

大正区・港区の ものづくり工場見学会

大阪市内やUSJなどへの アクセスにも便利

大正区・港区

ベイエリア P34

2024年に新1万円札に起用される日本資本主義の父渋沢栄一らの手によって、現在の大正区に明治16年（1883）に操業を開始した大阪紡績会社。民間では初めて電灯設備などの近代設備で昼夜二交替制のフル操業で好成績をあげたこの会社の成功は、大阪周辺に大紡績工場が続々誕生したきっかけとなり、明治20年代後半には「東洋のマンチェスター」と呼ばれるまでに発展する。現在でも大正区は高度な技術を有するオンリーワン企業や伝統ある企業が多く存在しており、「ものづくり」の最先端の町として発展し、その伝統や誇りを今に受け継いでいる。工場見学会では船舶・自動車・鉄道などに使用される機械や部品を製造する工場を、職人からの説明付きで見学することができ、「ものづくり」を通して『働くこと』『作ること』の素晴らしさや面白さ、大切さを学ぶ事ができる。ここでは一部紹介する。

溶接体験（飛鳥鉄工所）

ワイヤロープの加工見学（中村工業）

船舶修繕ドック見学（大阪市港湾局鶴町機械工場

ポリテクセンター（フォークリフト作業体験）

壁紙の貼りつけ体験（フィル）

溶かした鉄を流し込む注湯（ちゅうとう）作業見
（鈴木合金）

申込の際は必ず事務局に問い合わせをして下さい。
（個別企業への問い合わせは絶対にしないで下さい）

【大正区・港区のものづくりの問合せ・申込先】

大正・港ものづくり事業実行委員会　事務局
（大正区役所政策推進課内）
TEL：06-4394-9942　　FAX：06-4394-9989

JR大正駅（大正区）へのアクセス

JR大阪駅から環状線（内回り）で11分
JR天王寺から環状線（外回り）で8分
大阪メトロ心斎橋駅から長堀鶴見緑地線（大正行）で7分
各工場へは大正橋（大正駅近く）からの大阪シティバス
で交通が便利です。

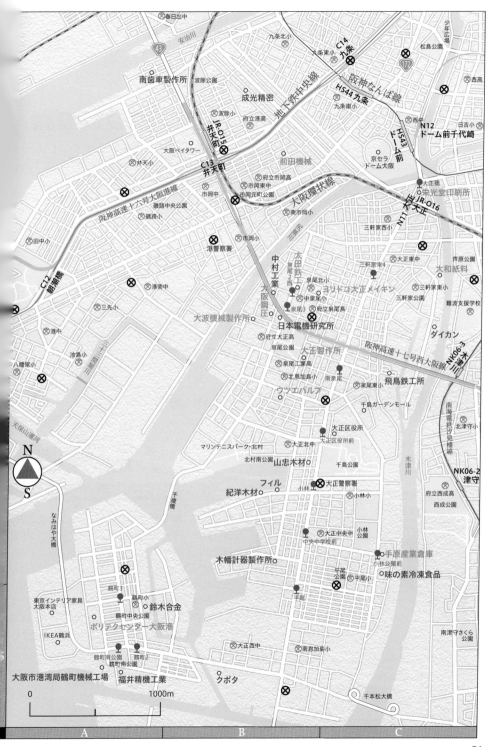

春日出中

九条北小
C14 九条
九条東小 少年広場
松島公園
阪神なんば線 HS44 九条 ⊗西高

南歯車製作所 波除公園
成光精密 波除小 九条南小 西中 N12 日吉小
府立港高 ドーム前千代崎
波除小 HS43 ドーム前
弁天町 大阪ベイタワー JR-O15 京セラ
C13 弁天町 前田機械 ドーム大阪
市岡中 府立市岡高
市岡元町公園 大阪環状線 大正橋 栄光堂印刷所
阪神高速十六号大阪港線 南市岡小 JR-O16
磯路中央公園 JR 大正
田中小 磯路小 三軒家西小 芦原公園
港警察署 市岡小 大正東中 大和紙料
C12 朝潮橋 中村工業 太田鉄工 三軒家東小
泉尾4 三軒家公園
泉尾北小 ヨリドロ大正メイキン 三軒家東小
三先小 港南中 中泉尾小 難波支援学校
港中 大阪環状線 泉尾3 府立泉尾高 ダイカン
池島小 大正製作所 日本電機研究所
八幡屋小 泉尾公園 府立大正高 阪神高速十七号西大阪線 NK06-3 木津川
大波機械製作所 泉尾工業高
北恩加島小 南泉尾 飛鳥鉄工所
ウツエバルブ 泉尾東小
千島ガーデンモール 北津守小
大正区役所 NK06-2
マリンテニスパーク・北村 大正北中 大正区役所前 木津川 津守
北村南公園 千島公園 府立西成高
山忠木材 西成公園
フィル 大正警察署
紀洋木材 小林 小林小
大正中央中 小林公園
中央中学校前 小林公園前 手原産業倉庫
木幡計器製作所 味の素冷凍食品
平尾公園 平尾小
東京インテリア家具 鶴町3 平尾
大阪本店 鈴木合金
鶴町小 南恩加島小
IKEA鶴浜 鶴町中央公園 南津守さくら公園
ポリテクセンター大阪港
鶴町南公園 大正西中
鶴町南公園 鶴町2 南恩加島中

大阪市港湾局鶴町機械工場 福井精機工業 クボタ 千本松大橋

0 1000m

有限会社 南歯車製作所 地図 51A1

所在地：〒552-0007　大阪市港区弁天6丁目4番31号
最寄駅：JR、Osaka Metro 弁天町駅から徒歩10分

体験プログラム内容

　長い軸の付いた歯車や、歯車から派生したスプラインという加工など他社にできない歯切り加工を得意としており、同業者からの依頼や相談が多い抜群の実績と技術を持つ会社。会社概要の説明から、工場内の見学、そして歯車を加工するための工具を実際に使用してのバリ取り体験もできる。※バリ取り体験は日によって利用できない場合あり。

定　　員	10〜15名	見学時間	月〜金（祝日・年末年始を除く）9〜16時（12〜13時を除く）
プログラム料金	有料（要問合せ）	休　　日	日曜日、祝日、年末年始
所要時間	60〜90分	特記事項	都合により見学できない場合がある。

成光精密 株式会社 地図 51B1

所在地：〒552-0001　大阪市港区波除1丁目4番35号
最寄駅：JR、Osaka Metro 弁天町駅から徒歩10分

体験プログラム内容

　機械部品・電気部品等、あらゆる金属の加工品、産業用機械の設計・製作を行っている。他社では困難な精密加工を得意とし、高水準の品質保証と、小ロット、超短納期での試作開発が強み。平成30年（2018）にガレージミナトをオープンし、研究者・技術者・ベンチャー企業等が持つアイデア・先端技術を本格的なカタチにする支援している。企業概要の説明から、工場内での作業風景、様々な種類のサンプルを見学できる。

定　　員	10〜15名	見学時間	月〜金（祝日・年末年始を除く）9〜16時（12〜13時を除く）
プログラム料金	有料（要問合せ）	休　　日	日曜日、祝日、年末年始
所要時間	90分	特記事項	都合により見学できない場合がある。

有限会社 飛鳥鉄工所　地図 51C3

所在地：〒551-0003　大阪市大正区千島 1 丁目 1 番 47 号
最寄駅：JR、Osaka Metro大正駅から大阪シティバスのバス停「大正橋」乗車→「南泉尾」下車（所要5分）

体験プログラム内容

　主に鉄・ステンレス・鋳鉄（ちゅうてつ）を材料として精度の高い機械加工業務を行っている。機械加工と溶接が組み合わさった加工を得意としており、工業用ガスバーナーやその附帯設備の製作では、工程にある旋盤加工、フライス加工、折り曲げ、溶接、組み立てと多数の工程を一箇所で仕上げている。旋盤加工若しくはフライス盤による切削（せっさく）加工やボール盤の穴あけ加工が見学でき、実際に溶接を行う体験もできる。

		見学時間	月～金（祝日・年末年始を除く）
定員	10～15名		9～16時（12～13時を除く）
プログラム料金	有料（要問合せ）	休日	土曜日、日曜日、祝日、年末年始
所要時間	90分	特記事項	都合により見学できない場合がある。

大阪市港湾局 鶴町機械工場　地図 51A5

所在地：〒551-0023　大阪市大正区鶴町 2 丁目 20 番 47 号
最寄駅：JR、Osaka Metro大正駅から大阪シティバスのバス停「大正橋」乗車→「鶴町2丁目」下車（所要19分）

体験プログラム内容

　大阪市保有船舶や港湾施設の維持管理を行う工場。船舶を整備するためのドック施設や工場、高潮や津波に備えて海岸に設置されている鋼鉄製の巨大な扉（防潮扉）等を見学できる。また、防潮扉の見学では実際に開閉操作を体験し、防災に対する認識を深められる。

		見学時間	月～金（祝日・年末年始を除く）
定員	～40名		9～16時（12～13時を除く）
プログラム料金	有料（要問合せ）	休日	土曜日、日曜日、祝日、年末年始
所要時間	90分	特記事項	都合により見学できない場合がある

中村工業 株式会社 <small>地図 51B2</small>

所在地：〒551-0031　大阪市大正区泉尾6丁目5番40号
最寄駅：JR、Osaka Metro大正駅から大阪シティバスのバス停「大正橋」乗車→「泉尾2丁目西」下車（所要5分）

体験プログラム内容

　建設現場や港湾、工場などで欠かすことのできない重量物を吊り上げるワイヤロープの加工で国内有数の技術を持つ会社。ワイヤロープについての説明と工場を見学。迫力のある太径手編み加工を中心としたロープ加工作業を見学できる。

定員	10〜15名（1グループ。3グループまで受け入れ）	見学時間	月〜金（祝日・年末年始を除く）9〜16時（12〜13時を除く）
プログラム料金	有料（要問合せ）	休日	土曜日、日曜日、祝日、年末年始
所要時間	90分	特記事項	都合により見学できない場合がある

株式会社 日本電機研究所 <small>地図 51B3</small>

所在地：〒551-0031　大阪市大正区泉尾7丁目1番1号
最寄駅：JR、Osaka Metro 大正駅から大阪シティバスのバス停「大正橋」乗車→「泉尾3丁目」下車（所要6分）

体験プログラム内容

　Factory Automation＝工場の自動化における設備を制御する制御盤を設計・製作している会社。昭和7年（1932）に創業したスイッチメーカーの老舗で、古くから工場オートメーション化に取り組み、その技術は業界のトッププランナーといえる。見学では製品の見学や、制御システムの仕組みについて説明を受ける事ができ、制御盤組立の疑似体験もできる。

定員	10〜20名	見学時間	月〜金（祝日・年末年始を除く）9〜16時（12〜13時を除く）
プログラム料金	有料（要問合せ）	休日	土曜日、日曜日、祝日、年末年始
所要時間	90分	特記事項	都合により見学できない場合がある

株式会社 木幡計器製作所 地図 51B4

所在地：〒 551-0021　大阪市大正区南恩加島 5 丁目 8 番 6 号
最寄駅：JR、Osaka Metro大正駅から大阪シティバスのバス停「大正橋」乗車→「平尾」下車 (所要12分)

体験プログラム内容

　創業明治42年 (1909) の圧力計の老舗メーカー。発明以来基本構造が変わらないブルドン管式圧力計を作り続け、造船・プラント・ボイラー・化学装置など各工業分野に「錨印」ブランドの製品を納入している。医療機器やIoT関連機器の開発にも取り組んでいる。見学では圧力計測の仕組みや、計器製造の現場が見学でき、暮らしやものづくりに係わる計測計量分野への関心や理解を深められる。

定　　員	〜30名	見学時間	月〜金(祝日・年末年始を除く) 9〜16時 (12〜13時を除く)
プログラム料金	有料(要問合せ)	休　　日	土曜日、日曜日、祝日、年末年始
所要時間	90分	特記事項	都合により見学できない場合がある

鈴木合金 株式会社 鶴町工場 地図 51A5

所在地：〒551-0023　大阪市大正区鶴町2丁目5番27号
最寄駅：JR、Osaka Metro大正駅から大阪シティバスのバス停「大正橋」乗車→「鶴町2丁目」下車 (所要19分)

体験プログラム内容

　大正6年 (1917) に創業以来、長年にわたり鉄道車両用抵抗器を扱い、発電所や変電所で使われる電力用抵抗器、工場や建設現場で使われる産業用抵抗器も取り扱う抵抗器専門メーカー。送変電設備用の抵抗器には「特殊鋳鉄抵抗格子」を用いており、伝統的な鋳造作業を見学できる。

定　　員	5〜20名	見学時間	月〜金(祝日・年末年始を除く) 9〜16時 (12〜13時を除く)
プログラム料金	有料(要問合せ)	休　　日	日曜日、祝日、年末年始
所要時間	90分	特記事項	都合により見学できない場合がある

福井精機工業 株式会社

地図 51A5

所在地：〒551-0023　大阪市大正区鶴町1丁目
16番13号
最寄駅：JR、Osaka Metro 大正駅から大阪シティ
スのバス停「大正橋」乗車→「鶴町南公[]
たは鶴町2丁目」下車（所要16分・19分

FUKUI SEIKI INDUSTRY CO.,LTD

体験プログラム内容

　自動車に使われる「回転する丸い樹脂部品」の製造を得意とする金型開発メーカー
ここで作られた部品は全世界の自動車のうち4台に1台の割合で搭載されている。その
か文具など我々に身近な道具の製作にも関係している。工場では金型製作するための
作機械を見学し、髪の毛より薄い「0.01mm」を体験できる。

定　　員	～15名		見学時間	月～金（祝日・年末年始を除く）
プログラム料金	有料（要問合せ）			9～16時（12～13時を除く）
所要時間	90分		休　　日	土曜日、日曜日、祝日、年末年始
			特記事項	都合により見学できない場合がある

株式会社 ダイカン

地図 51C3

所在地：〒551-0002　大阪市大正区三軒家東3丁目1番7号
最寄駅：JR、Osaka Metro 大正駅から大阪シティバスのバス停
「大正橋」乗車→「三軒家東四丁目」下車（所要2分）

体験プログラム内容

　鉄道会社や百貨店などの国内大手企業、海外一流ファッション
ブランドの店舗を飾るLEDサインやディスプレイを数多く製作して
おり、話題になった映画やテレビドラマのセットなども手掛けてい
る。企業概要の説明から、工場内での作成風景、様々な種類の
サンプルを展示するショールームも見学できる。

定　　員	10～20名		見学時間	月～金（祝日・年末年始を除く）
プログラム料金	有料（要問合せ）			9～16時（12～13時を除く）
所要時間	90分		休　　日	日曜日、祝日、年末年始
			特記事項	都合により見学できない場合がある。

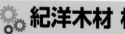

紀洋木材 株式会社

地図 51B4

所在地：〒551-0013　大阪市大正区小林西1丁目16番2号
最寄駅：JR、Osaka Metro 大正駅から大阪シティバスのバス停
「大正橋」乗車→「小林」下車（所要9分）

体験プログラム内容

　マンションやビル等の建築に使われる木材を始め、土木仮設用木材、梱包用木材、
その他プラスチックから鉄まで色々な材料を取り扱い、顧客のニーズ対応する豊富な
品揃えが特徴。工場内では様々な種類の木材を見学でき、木材のカット作業やコル
クボードなどの体験工作も行っている。

定　　員	10～15名
プログラム料金	有料（要問合せ）
所要時間	90分
見学時間	月～金（祝日・年末年始を除く）9～16時（12～13時を除く）
休　　日	日曜日、祝日、年末年始
特記事項	都合により見学できない場合がある。

株式会社 フィル /WALPA 壁紙屋本舗 　地図 51B4

所在地：〒551-0013　大阪市大正区小林西1丁目15番12号
最寄駅：JR、Osaka Metro 大正駅から大阪シティバスのバス停「大正橋」乗車→「小林」下車（所要9分）

体験プログラム内容

　家やオフィス、飲食店の壁などに貼られる壁紙。ネット通販サイト「壁紙屋本舗」、輸入壁紙専門店「WALPA」などを運営し、平成27年（2015）には世界の壁紙約2000点の実物が見られる日本初の壁紙ミュージアムをオープンしている。ミュージアム見学や壁紙貼り体験などができる。

定　　員	20〜30名
プログラム料金	有料（要問合せ）
所要時間	90分

見学時間	月〜金（祝日・年末年始を除く） 9〜16時（12〜13時を除く）
休　　日	土曜日、日曜日、祝日、年末年始
特記事項	都合により見学できない場合がある

山忠木材 株式会社 　地図 51B4

所在地：〒551-0003　大阪市大正区千島3丁目18番9号
最寄駅：JR、Osaka Metro 大正駅から大阪シティバスのバス停「大正橋」乗車→「大正区役所前」下車（所要8分）

体験プログラム内容

　国内・輸入木材をはじめ、軽量鉄骨材料などの住宅新建材やユニットバスなど住宅設備機器を販売する会社。見学では会社説明の後、木場や倉庫内で実際に木に触れてその種類や木材を取り巻く状況や環境のことを学習できるほか、加工や木工品組立など体験活動が充実している。

定　　員	15名
プログラム料金	有料（要問合せ）
所要時間	90分

見学時間	月〜金（祝日・年末年始を除く） 9〜16時（12〜13時を除く）
休　　日	日曜日、祝日、年末年始
特記事項	都合により見学できない場合がある

味の素冷凍食品 株式会社 大阪工場 　地図 51C4

所在地：〒551-0012　大阪市大正区平尾1丁目3番29号
最寄駅：JR、Osaka Metro 大正駅から大阪シティバスのバス停「大正橋」乗車→「中央中学校前」下車（所要11分）

体験プログラム内容

　チャーハンやエビピラフなど冷凍米飯を専門に製造する工場。作る工程や衛生管理について見学する事ができる。1釜ずつガス炊飯することでふっくらと炊き上げていることや、急速凍結をしておいしさを閉じ込めている点が特徴。工場見学後、試食を楽しむこともできる。

定　　員	20〜30名
対　　象	小学校4年生以上
プログラム料金	有料（要問合せ）
所要時間	120分

見学時間	工場稼働日　9〜16時（12〜13時を除く）
休 日 等	年末年始、夏季休業日
特記事項	都合により見学できない場合がある 歩行が困難な場合は見学不可 試食の際、食物アレルギーの有無を確認

アクアライナー

▲淀屋橋

▲八軒家浜

▲難波橋

▲大阪造幣局

 アクアライナーで行く見所スポット

淀屋橋
一日に7万人が渡り、6万台の車が通るといわれている。
難波橋
2体のライオン像があることから"ライオン橋"の愛称
でも親しまれている。
天神橋
古くは豊臣秀吉の時代より架けられたされる。
天満橋
天神祭の花火や造幣局の桜の開花時期は絶好のビュー
ポイント。
八軒家浜
江戸時代に京と大坂を結ぶ三十石舟の発着場として栄
えた。
大阪造幣局
桜の通り抜けで有名。
OAP港
桜並木の美しい毛馬桜宮公園など散策におすすめ。
大阪城港
天守閣へ一番近い。

▲天神橋

▲OAP港

▲大阪城港

▲天満橋

アクアライナーとサンタマリア

P62・64 参照

　水の都である大阪ならではの水上バス「アクアライナー」は、昭和58年
(1983)、大阪城築城400年祭に際して創業した。もともと朝夕は通勤船、
日中は観光用の遊覧船であったが、現在は観光船である。
　基本的には「大阪城・中之島めぐり」という、大川（旧淀川）を周遊
し、大阪城や中之島周辺をめぐる大阪観光クルーズ。船の両サイドと天井
は開放的な大きな窓になっていて、大阪城や中之島周辺の名所旧跡を船
内から眺めることできる。乗場は大阪城港・淀屋橋港・八軒家浜船着場・
OAP港の四か所。一周約55分の循環路線で、どの港からでも乗船でき、
一周することも途中の港で降りることもできる。このほか、貸し切り専用コー
スとして、中之島一周コースも用意されている。

　サンタマリアは、大阪湾を周遊する帆船型観光船で、天保山ハーバービ
レッジの「海遊館西はとば（海遊館の海側）」から乗船し、大阪港内を約
45分でクルーズする。外観は、大航海時代にアメリカへ到達したコロンブ
スの「サンタ・マリア号」を約2倍の縮尺で再現したもので、開放感のあるデッ
キからは大阪ベイエリアの数々の名所や海上からの雄大な眺めが楽しめる。

サンタマリア

内には、コロンブスに関する貴重な資料や、大航海時代を物
る品々、航海に必要な機械類を展示したコロンブスの部屋があ
。トワイライトクルーズも行われていて、大阪湾に沈む夕日が
景である。
　アクアライナーもサンタマリアも京阪グループの大阪水上バス
式会社によるもので、同社では、チャータークルーズ船「ひま
り」や大阪城と道頓堀を結ぶシャトルボート「水都号　アクア
mini」も運行している。

アクアライナー観光コース航路図

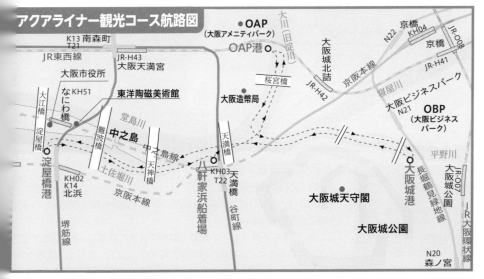

サンタマリア航路図

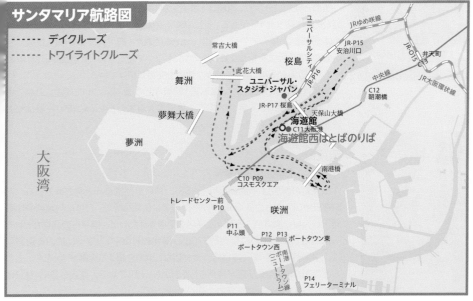

神戸エリア

西館 災害情報ステーション

西館 減災ワークショップ

人と防災未来センター

地図外・上図参照　P67 参照

　平成7年 (1995) 1月17日午前5時46分、阪神・淡路大震災が発生し、6400人を超える犠牲者を出した。

　ここは、阪神・淡路大震災の経験と教訓を後世に継承し、今後各地で発生が予想される災害による被害の軽減に貢献するとともに、震災で再認識された「いのちの尊さ」や「共に生きることの素晴らしさ」などを伝える施設。

　西館と東館に分かれ、**西館**は「震災追体験フロア」「震災の記憶フロア」「防災・減災体験フロア」がある。特に「震災追体験フロア」では、地震の凄まじさを体感する「1.17シアター」、模型であらわされた「震災直後のまち」、復興に至るまでのまちと人を新たな課題とともにドラマで紹介する「大震災ホール」などがあり、防災・減災に関する様々な情報を発信し続けている。

　東館は水の恵みとともに、風水害・津波などの 脅 威について学ぶことができる「水と減災について学ぶフロア」、東日本大震災のドキュメンタリー映像を上映する「こころのシアター」がある。

南京町

地図外・右図参照　P67 参照

　南京町の誕生は、明治元年 (1868)、神戸港開港の年と言われている。当時在日中国人たちの多くが元町の南エリアに住居を構え、付近に料理屋や洋服屋、豚肉屋、漢方店など様々な商店を開店させたのが、南京町の発祥だという。

　南京町広場を中心に東西約270m、南北約110mの十字型に広がる街路には、中国料理店や輸入雑貨店、食材店など100を超える店舗がぎっしり。ところどころにある洋菓子店が神戸らしさをかもし出している。露店も多く、休日はほとんど縁日の雰囲気を味わえる。

第二次世界大戦後で一時衰退した南京町だが、昭和56年（1981）から復興が始まる。南京町のシンボルでもある長安門（東楼門）や海榮門（南楼門）、あずまやはこの頃に作られ、昭和62年（1987）には、南京町の年中行事として名高い春節祭が始まった。

春節祭とは、旧暦（太陰暦）の新年の元日を祝う祭。躍動感あふれる龍舞は迫力満点。他にも、獅子舞をはじめ数多くの出し物で賑わい、チャイナ気分をさらに盛り上げてくれる。期間中、本場の正月料理を出す店もある。

平成10年（1998）には、中秋祭が始まり、平成17年（2005）には西安門が完成するなど、南京町は進展し続けている。

西安門

見学・体験施設一覧

	名称	電話・住所・交通（→は徒歩所要分）	時間・休み（年末年始は除く）	料金ほか	
あ	アクアライナー	0570-03-5551（予約センター）	1時間ごとに出航（出航時刻は季節・曜日により異なる） 休み 1月・2月に数日	周遊コース：一般1740・小学生870円（特別期間別途）、その他区間乗船券あり 所要時間 55分	
	朝日新聞大阪本社 アサコムホール	06-6201-8033　大阪市北区中之島2-3-18 中之島フェスティバルタワー 交通 四つ橋線/肥後橋駅（4番口）より直結、京阪中之島線/渡辺橋駅（12番出口）より直結	11時〜12時20分・13時30分〜14時50分（1日2回） 休み 土曜・日曜・祝日・アサコムホールで催事がある場合	入場無料　先着順の事前予約制、大阪工場とのセット見学もある 所要時間 80分	16
	あべのハルカス （ハルカス300）	06-6621-0300　大阪市阿倍野区阿倍野筋1丁目1-43　交通 JR各線・御堂筋線/天王寺駅（南口）よりすぐ、近鉄南大阪線/大阪阿部野橋駅（西改札口）よりすぐ	9時〜22時（最終入場は21時半） 休み 無休	一般1500・中高1200・小学生700・幼児500円 所要時間 60分	30
	阿倍野防災センター （あべのタスカル）	06-6643-1031　大阪市阿倍野区阿倍野筋3丁目13-23 あべのフォルサ3階 交通 谷町線/阿倍野駅（2・7出口）→5分、御堂筋線/天王寺駅（12出口）→8分	10時〜18時 休み 水曜・毎月最終木曜（祝日の場合翌日）	無料 所要時間 60分	30
	安倍晴明神社	06-6622-2565　大阪市阿倍野区阿倍野元町5-16 交通 阪堺電軌上町線/東天下茶屋駅→5分	参拝自由（授与所は9時〜17時）	所要時間 30分 安倍晴明生誕の地と伝わる	50
	Amazing Kart ISK 大阪舞洲店	06-6466-2022　大阪市此花区北港緑地2 交通 JRゆめ咲線/桜島駅→アクティブバス乗換で15分「ロッジ舞洲前」降車、徒歩5分	12時〜22時（土曜・日曜・祝日は10時〜、雨天・季節により異なる） 休み 年中無休	一人乗りカート5周3000円（ジュニア用等、多数種類あり） 所要時間 60分	
	アメリカ村	大阪市中央区西心斎橋1〜2丁目付近 交通 御堂筋線/長堀鶴見緑地線/心斎橋駅よりすぐ、四つ橋線/四ツ橋駅よりすぐ	店舗により異なる		2 26
い	生國魂神社	06-6771-0002　大阪市天王寺区生玉町13-9 交通 谷町線・千日前線/谷町九丁目駅→3分	参拝自由（9時〜17時、季節により異なる） 休み 無休	所要時間 20分 現在の大阪城付近（石山崎）にあった延喜式名神大社。大坂築城の際に移された。	
	今宮戎神社	06-6643-0150　大阪市浪速区恵美須西1-6-10　交通 南海高野線/今宮戎駅よりすぐ、御堂筋線・四つ橋線/大国町駅（3番出口）→5分、堺筋線/恵美須町駅（5番出口）→5分、JR大阪環状線/新今宮駅（東改札口）→10分	参拝自由（9時〜17時） 休み 無休	所要時間 20分	3 30
う	梅田スカイビル 空中庭園展望台	06-6440-3855　大阪市北区大淀中1-1-88 交通 阪神/大阪梅田駅（5番出口）→9分、JR/大阪駅（中央北口）→9分、阪急/大阪梅田駅（1番口）→9分	9時半〜22時半（最終入場22時、特別営業日あり）	中学生以上1500・小学生以下700円（学校団体:高中生500・小学生以下200円） 所要時間 60分	1 12A
	梅田芸術劇場	06-6377-3800　大阪市北区茶屋町19-1 交通 阪急/大阪梅田駅（茶屋町口）→3分	公演により異なる	リニューアルした旧梅田コマ劇場。	6A
え	ATCエイジレスセンター	06-6615-5123　大阪市住之江区南港北2丁目1-10　ATCビルITM棟11階 交通 ニュートラム/トレードセンター前駅よりすぐ	10時〜17時 休み 月曜	無料 所要時間 60分	3 34A
	EXPO'70パビリオン	06-6877-4737　吹田市千里万博公園1-1 交通 大阪モノレール/公園東口駅→12分	10時〜17時（入館は〜16時半） 休み 水曜（繁忙期は営業日あり）	高校生以上210円・中学生以下無料 所要時間 20分	4 38 4A2
	江崎記念館	06-6477-8257　大阪市西淀川区歌島4-6-5 交通 JR東海道本線/塚本駅（西出口）→16分、JR東西線/御幣島駅→18分	10時〜16時（入館は30分前まで） 休み 土曜・日曜・祝日・お盆	入場無料（前日までに要予約） 2020.2〜8頃休館予定 所要時間 60分 菓子メーカー「江崎グリコ」の記念博物館	— 4D
	NHK大阪放送局 BKプラザ	06-6937-6020　大阪市中央区大手前4-1-20 大阪放送会館 交通 谷町線・中央線/谷町四丁目駅（2・5・9番口）よりすぐ	10時〜18時（入館は〜17時半） 休み 火曜・他	入場無料 公開生放送を行う「プラザスタジオ」などを見学。※団体20名以上要予約	22A
お	OSAKA ENGLISH VILLAGE（オオサカイングリッシュビレッジ）	06-6170-7080　吹田市千里万博公園2-1 EXPOCITY内 交通 大阪モノレール/万博記念公園駅→2分	10時〜18時（チケット販売は9時半〜17時） 休み 不定休（ららぽーとEXPOCITYに準ずる）	1レッスン1650円（引率のみは入場料550円）入場予約はHPから（レッスンは当日先着順） ※団体での予約は要問合せ 1レッスン:30分	40 38 4A2
	おおさかATC グリーンエコプラザ	06-6615-5888　大阪市住之江区南港北2丁目1-10 交通 ニュートラム/トレードセンター前駅よりすぐ	10時〜17時 休み 月曜	無料　所要時間 60分 団体見学プログラムあり（要予約）	36 34A
	大阪科学技術館 （てくてくテクノ館）	06-6441-0915　大阪市西区靭本町1-8-4 交通 四つ橋線/本町駅（28番出口）→5分、御堂筋線/本町駅（2番出口）→7分	10時〜17時（日祝日は16時半閉館） 休み 第1・3月曜・祝日・夏期・冬期	入場無料 所要時間 60分	17 16B3
	大阪企業家 ミュージアム	06-4964-7601　大阪市中央区本町1-4-5 大阪産業創造館地下1階　交通 堺筋線・中央線/堺筋本町駅（12番・1番出口）→5分	10時〜17時、水曜は〜20時（入館は閉館の30分前まで） 休み 日・月・祝日・お盆	一般300・大高中100円・小学生以下無料（一般同伴のみ） 所要時間 60〜90分	17 16E4
	大阪くらしの今昔館	06-6242-1170　大阪市北区天神橋6-4-20 住まい情報センタービル8階 交通 谷町線・堺筋線/天神橋筋六丁目駅（3番口）より直結、JR大阪環状線/天満駅→7分	10時〜17時（入館は〜16時半） 休み 火曜（臨時休館あり）	一般600・大高300円・中学生以下無料 所要時間 60分	20 20B
	大阪広域環境施設組合 舞洲工場	06-6463-4153　大阪市此花区北港白津1-2-48　交通 JRゆめ咲線/桜島駅→アクティブバス乗換で7分「環境施設組合前」降車、すぐ	10時〜・13時〜・15時〜 休み 土・日曜・祝日・他	入場無料（事前予約制） 所要時間 90分	47 5B6
	大阪市立自然史博物館	06-6697-6221　大阪市東住吉区長居公園1-23 交通 御堂筋線/長居駅（3番口）→8分	9時半〜17時（11月〜2月は〜16時半、入館は30分前まで） 休み 月曜（祝日の場合翌日）	一般300・大高200円・中学生以下無料、特別展別途 所要時間 60分	48 5D3
	大阪四季劇場	0570-008-110　大阪市北区梅田2-2-22 ハービスPLAZAENT7階 交通 阪神本線/大阪梅田駅よりすぐ、JR/大阪駅よりすぐ、JR東西線/北新地駅よりすぐ、四つ橋線/西梅田駅よりすぐ、御堂筋線/梅田駅→5分、谷町線/東梅田駅→6分、阪急/大阪梅田駅→12分	公演により異なる	劇団四季の関西での拠点。	— 12B3

名称	電話・住所・交通（→は徒歩所要分）	時間・休み（年末年始は除く）	料金ほか	参照頁地図
阪市中央公会堂	06-6208-2002　大阪市北区中之島1-1-27　交通御堂筋線/淀屋橋駅（1番出口）より5分、京阪中之島線/なにわ橋駅（1番出口）よりすぐ	9時半～21時半　休日第四火曜（祝日の場合翌日）所要時間30分	自由見学エリアは無料	19　16C1
阪市中央卸売市場	06-6469-7850　大阪市福島区野田1-1-86　交通JR大阪環状線/野田駅→12分、千日前線/玉川駅→12分	受付時間9時～17時（所要観覧時間は2時間）休日日曜・祝日・臨時	※設備見学:見学日:月曜～土曜　見学時間:午前8時45分以降　見学人数:50人まで（1グループあたり）　※見学は要予約。予約要項については、直接お問合せ所要時間120分　日本最大級の市場の場内には、一日約2900t、年間約70万以上の鮮魚や野菜、果物、乾物類などの食材が日本や世界各地から集まる。	―　6D6
大阪城公園	06-6755-4146（大阪城パークセンター）　大阪市中央区大阪城　交通谷町線/天満橋・谷町四丁目駅（3番・1-B番出口）→15分、中央線/森ノ宮駅（1・3-B番出口）→15分、長堀鶴見緑地線/大阪ビジネスパーク駅/森ノ宮駅（1番・3-B番出口）→15分、JR大阪環状線/森ノ宮・大阪城公園駅→15分、JR東西線/大阪城北詰駅→15分、京阪本線/天満橋駅→15分	施設により異なる所要時間120分	入場無料（但し、園内各施設利用料設定有）	24　22B2
大阪城天守閣	06-6941-3044　大阪市中央区大阪城1-1　交通谷町線/天満橋駅・谷町四丁目駅（3番・1-B番出口）→15分、中央線/森ノ宮駅（1・3-B番出口）→15分、長堀鶴見緑地線/大阪ビジネスパーク駅/森ノ宮駅（1番・3-B番出口）→15分、JR大阪環状線/森ノ宮・大阪城公園駅→15分、JR東西線/大阪城北詰駅→15分、京阪本線/天満橋駅→15分	9時～17時（入館は～16時半）休日年末年始のみ	高校生以上600円・中学生以下無料所要時間60分	22　22B2
大阪城公園西の丸庭園	06-6941-1717　大阪市中央区大阪城2　交通アクセスは大阪城天守閣に同じ	9時～17時（11～2月は～16時半、入園は30分前まで）休日月曜（祝日の場合翌日）	高校生以上200円・中学生以下無料所要時間60分	25　22B2
大阪市立科学館（夢宙ときめき館）	06-6444-5656　大阪市北区中之島4-2-1　交通四つ橋線/肥後橋駅（3番出口）→8分	9時半～17時（券の発売は～16時）　展示入場は～16時半、プラネタリウム最終投影16時～　休日月曜（祝日の場合翌日）・他	一般400・高300・中学生以下無料（展示場）、一般600・高450・中学生以下300円（プラネタリウム）所要時間100分	18　16A2
大阪市立美術館	06-6771-4874　大阪市天王寺区茶臼山町1-82　交通JR大阪環状線/天王寺駅（中央出口）→10分、谷町線・御堂筋線/天王寺駅（15・16番出口）→10分、近鉄南大阪線/阿部野橋駅（西改札口）→10分	9時半～17時（入館は～16時半）休日月曜（祝日の場合翌日）・展示替え期間	一般300・高300・中学生以下無料（特別展などは別途料金）所要時間60分	32　30B2
大阪人権博物館（リバティおおさか）	06-6561-5891　大阪市浪速区浪速西3-6-36　交通JR大阪環状線/芦原橋駅（南出口）よりすぐ、南海汐見線/木津川駅よりすぐ	10時～16時（土曜は13時～17時、入館は30分前まで）休日日・祝日月・火、各月最終金・土（月末が金曜日の場合、金の次）、詳細は問合せ	一般500・高300・中小生200円所要時間90分	47　7C5
阪ステーションシティ（JR大阪駅）	06-6458-0212　大阪市北区梅田3-1-3　交通JR/大阪駅・御堂筋線/梅田駅よりすぐ、四つ橋線/西梅田駅/阪神電車/大阪梅田駅→5分	店舗により異なる	所要時間60分　有料のガイドツアー（予約制）と無料のパンフレットによるガイドツアーがある	13　12B2
大阪天満宮	06-6353-0025　大阪市北区天神橋2-1-8　交通谷町線・堺筋線/南森町駅（4番口）→5分、JR東西線/大阪天満宮駅（7番口）→5分	参拝自由（社務所9時～17時）	所要時間30分	21　20B3
日本取引所グループ大阪取引所（OSE）	06-4706-0800（見学:金融リテラシーサポート部）　大阪市中央区北浜1-8-16　交通堺筋線/北浜駅（1B出口）より直結、京阪本線/北浜駅（27・28番出口）より直結、御堂筋線/淀屋橋駅（地下通路経由）→7・8分	9時～16時半（受付は～16時）休日土曜・日曜（休業日は要確認）	一般見学:無料・随時（4F受付）団体見学:無料・事前予約制（10時～11時・14時～15時台）、応相談	18　16D2
大阪日本民芸館	06-6877-1971　吹田市千里万博公園内10-5　交通大阪モノレール/万博記念公園駅→15分・公園東口駅→10分	10時～17時（入館は～16時半）休日水曜・夏期・冬期	一般710・大高450・中小生100円（20名以上は団体割引あり）所要時間30分	39　38　4A2・3
大阪府警察コミュニティープラザ	06-6363-8283　大阪市北区曽根崎2-16-14　曽根崎警察署地下1階　交通谷町線/東梅田駅→3分、御堂筋線/梅田駅→5分、JR/大阪駅→5分	10時～18時休日月曜　コンサート開催日は制限あり	無料　所要時間30分　警察の仕事を身近に知る施設。パトカーや白バイなどを展示している。	12C2
大阪歴史博物館	06-6946-5728　大阪市中央区大手前4-1-32　交通谷町線・中央線/谷町四丁目駅（2番・9番出口）よりすぐ	9時半～17時（特別展会期中の金曜は～20時、入館は開館30分前まで）休日火曜（祝日の場合翌日）	一般600・大高400円・中学生以下無料（特別展別途）所要時間90分	23　22A3
海遊館	06-6576-5501　大阪市港区海岸通1-1-10　交通中央線/大阪港駅（1番出口）→5分	10時～20時（入館は1時間前まで）、季節によって変動あり　休日無休（年数日休みあり）	高校生以上2300・中小生1200・幼児（4歳以上）600円所要時間120分	35　34C1
カップヌードルミュージアム	072-752-3484　池田市満寿美町8-25　交通阪急宝塚線/池田駅→5分	9時半～16時（入館は～15時半）休日火曜（祝日の場合翌日）	無料（アトラクションは有料、チキンラーメンファクトリー中学生以上500・小学生300円）所要時間90分	42　4A5
いねふくめんたいパークATC	06-6616-0089　大阪市住之江区南港北2丁目1-10　ATCビルITM棟2階G-1　交通ニュートラム/トレードセンター前駅よりすぐ	11時～18時半休日臨時休あり	無料所要時間30分	37　34A4
上方浮世絵館	06-6211-0303　大阪市中央区難波1-6-4　交通御堂筋線・千日前線/なんば駅（16番）よりすぐ	11時～18時（入館は～17時半）休日月曜（祝日の場合翌日）	高校生以上500・中学生以下300円所要時間30分	28　26B3

	名称	電話・住所・交通（→は徒歩所要分）	時間・休み（年末年始は除く）	料金ほか	
か	関西国際空港（KIX）	072-455-2500（案内センター）　泉佐野市泉州空港北1　交通JR関西空港線・南海空港線／関西空港駅よりすぐ	店舗により異なる	所要時間 30分	
	関空展望ホール Sky View	072-455-2082（平日10時〜17時）　泉佐野市泉州空港北1　交通第1ターミナルビル1階1番バスのりばからシャトルバス（無料）で5分	わくわく関空見学プラン：土曜・日曜・祝日、特定日のみ運行、12時・13時半・15時半が60分、各回50名、一人500円、HPより事前申し込み（団体の場合、別途HP参照）　所要時間 60分　スカイミュージアムツアーは団体向けのみのサービスです。関空展望ホールSky Viewまでご確認ください		
き	北御堂	06-6261-6796　大阪市中央区本町4-1-3　交通御堂筋線／本町駅（A階段2番出口）よりすぐ	参拝自由（7時〜16時）　休日無休	所要時間 60分　西本願寺の別院で「北の御堂さん」の名で親しまれる。「御堂筋」の語源となった。	1
	キッズプラザ大阪	06-6311-6601　大阪市北区扇町2-1-7　交通堺筋線／扇町駅（2番出口）よりすぐ、JR大阪環状線／天満駅よりすぐ	9時半〜17時（入館は45分前まで）　休日第2・3月曜（祝日の場合翌日）・8月第4月曜・他	高校生以上1400・中小生800・幼児（3歳以上）500円　所要時間 90分　日本ではじめての本格的なこどものための体験型博物館。	
	京セラドーム大阪	06-6586-0106　大阪市西区千代崎3丁目中2-1　交通長堀鶴見緑地線／大阪ドーム前千代崎駅よりすぐ、JR大阪環状線／大正駅→5分	11時〜19時（店舗・サービスにより異なる）	所要時間 30〜45分（ツアーにより異なる）　ブルペンなど普段は入ることの出来ないドームの内側を見学できるドームツアーなどがある。有料。	
く	グランフロント大阪	06-6372-6300　大阪市北区大深町　交通JR/大阪駅／御堂筋線／梅田駅よりすぐ	ショッピング10時〜21時　レストラン　11時〜23時　店舗により異なる	なし（一部施設により料金あり）	1
	黒門市場商店街	06-6631-0007（黒門市場商店街振興組合）　大阪市中央区日本橋2-4-1　交通千日前線／日本橋駅（10番出口）よりすぐ	店舗により異なる	所要時間 30分	1・2
け	慶沢園	06-6771-8401　大阪市天王寺区茶臼山町1　天王寺公園内　交通御堂筋線・谷町線／JR関西本線／天王寺駅→10分	9時半〜17時（5・9月の土曜・日曜・祝日は〜18時、入園は30分前まで）　休日月曜（祝日の場合翌日）	高校生以上150・中小生80円　所要時間 15分　元々住友家の茶臼山本邸庭園で、大阪市に寄贈された。	30
こ	庚申堂	06-6772-9420（四天王寺）　大阪市天王寺区堀越町2-15　交通JR大阪環状線・谷町線・御堂筋線／天王寺駅→5分	参拝自由　休日無休	所要時間 10分　日本三庚申の一つ。	30
	国立文楽劇場	06-6212-2531　大阪市中央区日本橋1-12-10　交通堺筋線・千日前線／日本橋駅（7番出口）よりすぐ、近鉄難波線／近鉄日本橋駅（7番出口）よりすぐ	公演により異なる	※資料展示室：展示期間中、10時〜18時、入室無料　能や歌舞伎と並ぶ日本の伝統芸能・文楽のための国立劇場。	26
	国立国際美術館	06-6447-4680　大阪市北区中之島4-2-55　交通四つ橋線／肥後橋駅（3番出口）→10分、京阪中之島線／渡辺橋駅（2番出口）→10分	10時〜17時（金土は〜20時、入館は閉館30分前まで、季節により異なる）　休日月曜（祝日の場合翌日）・他	一般430・大130円・高校生以下無料（特別展・企画展などは別料金、夜間割引あり）　所要時間 90分	16
	国立民族学博物館	06-6876-2151　吹田市千里万博公園10-1　交通大阪モノレール／万博記念公園駅→15分	10時〜17時（入館は〜16時半）　休日水曜（祝日の場合翌日）	一般580・大250円・高校生以下無料（特別展別途）　所要時間 90分	3・4A2
	小林一三記念館	072-751-3865　池田市栄本町12-27　交通阪急宝塚線／池田駅→10分	10時〜17時（入館は〜16時半）　休日月曜（祝日の場合翌日）	高校生以上300円・中学生以下無料　所要時間 60分	4A
	コンペイトウミュージアム	072-948-1339　八尾市若林町2-88　交通谷町線／八尾南駅→5分	9時〜17時　休日工場見学は平日のみ（要予約）	コンペイトウ工房（通常コース）：2歳以上1300円　シュガー・アート教室：1100円（10〜20名）ともに事前予約制・少人数の場合は別途あり　所要時間 90分	5D
さ	さきしまコスモタワー展望台	06-6615-6055　大阪市住之江区南港北1-14-16　交通ニュートラム／トレードセンター前駅よりすぐ	11時〜22時（最終入場は21時半）　休日月曜（祝日の場合翌日）	高校生以上800・中小生500円　所要時間 30分	3・34
	咲くやこの花館	06-6912-0055　大阪市鶴見区緑地公園2-163　交通長堀鶴見緑地線／鶴見緑地駅→10分	10時〜17時（入館は〜16時半）　休日月曜（祝日の場合翌日）	高校生以上500円・中学生以下無料	45・4D
	サクラアートミュージアム	06-6910-8826　大阪市中央区森ノ宮中央1-6-20（サクラクレパス本社ビル内）　交通JR大阪環状線／森ノ宮駅→3分、中央線・長堀鶴見緑地線／森ノ宮（6番出口）→3分	10時〜12時・13時〜17時　休日日曜・月曜（特別展は日曜開館）	入場無料　所要時間 30分　日本を代表する画家たちのクレパス画・油絵・水彩画・版画などを公開。	—22C
	サンタマリア	0570-04-5551（予約センター）　大阪市港区海岸通1-1-10　交通中央線／大阪港駅（1番出口）→10分	1時間ごとに出航（出航時刻は季節・曜日により異なる）　休日12/31、1月の上旬〜2月の上旬、海遊館休業日	デイクルーズ：一般1600・小学生800円（トワイライトクルーズは別料金）　所要時間 45分	58
し	ジーライオンミュージアム	06-6573-3006　大阪市港区海岸通2-6-39（大阪・赤レンガ倉庫内）　交通中央線／大阪港駅→10分	11時〜20時（土曜・日曜・祝日は10時〜、入館は30分前まで）　休日月曜（祝日の場合翌日）	中学生以上1000・小学生500円　所要時間 60分	35・34C
	四天王寺	06-6771-0066　大阪市天王寺区四天王寺1-11-18　交通谷町線／四天王寺前夕陽ヶ丘駅→5分、JR大阪環状線・谷町線・御堂筋線／天王寺駅→15分	8時半〜16時（10月〜3月は〜16時、六時堂は〜18時）　休日無休（本坊庭園は臨時休園あり）	中心伽藍：一般300・大高生200円・中学生以下無料（庭園：一般300・大学生以上200円、宝物館：一般500・大高300円・中学生以下無料）　所要時間 60分	32・30C
	ジャンジャン横丁	大阪市浪速区恵美須西3丁目付近　交通JR大阪環状線／新今宮駅・堺筋線・御堂筋線／動物園前駅→5分	店舗により異なる	通天閣のお膝元にっ。うまくて安いB級グルメが揃うアーケード街。	—30B
	勝鬘院（愛染堂）	06-6779-5800　大阪市天王寺区夕陽丘町5-36　交通谷町線／四天王寺前夕陽ヶ丘駅（5番出口）→15分	参拝自由（8時半〜17時半、冬季は〜16時半）　休日無休	所要時間 30分	33・30C
	新世界	大阪市浪速区恵美須東界隈　交通堺筋線／恵美須町駅よりすぐ、御堂筋線・堺筋線／動物園前駅→3分	店舗により異なる		30・30B・

名称	電話・住所・交通（→は徒歩所要分）	時間・休み（年末年始は除く）	料金ほか	参照頁地図	
水道記念館	06-6320-2874（大阪市水道局総務部総務課） 大阪市東淀川区柴島1-3-1 交通 御堂筋線/西中島南方駅（2番出口）→15分、阪急京都線/南方駅・千里線/柴島駅→15分	10時〜16時 【営業日】土曜・日曜・祝日のみ開館（12〜2月は除く）その他期間は休み	入場無料 所要時間 30分	43 4D3	す
少彦名神社（すくなひこな）（くすりの道修町資料館）	06-6231-6958　大阪市中央区道修町2-1-8 交通 堺筋線/北浜駅（6番出口）よりすぐ	参拝自由（6時半〜18時、資料館は10時〜16時）日曜・祝日休・お盆休・年末年始休）休日 無休	※資料館：入場無料 所要時間 20分 「薬の町」道修町にある健康・医薬の神社、境内には「くすりの道修町資料館」がある。	— 16D3	
スパワールド世界の大温泉	06-6631-0001　大阪市浪速区恵美須東3-4-24 交通 堺筋線/動物園前駅（5番出口）よりすぐ	温泉:10時〜翌8時45分（岩盤浴は〜翌6時、プールは〜22時、KIDDY PARKは〜20時、施設・曜日等により異なる）休日 年中無休	中学生以上1300・小学生以下1000円（岩盤浴・深夜割増・その他サービス別途） 所要時間 120分	31 30B2	
住吉大社	06-6672-0753　大阪市住吉区住吉2-9-89 交通 南海本線/住吉大社駅よりすぐ、阪堺電軌阪堺線/住吉鳥居前駅よりすぐ	参拝自由（6時〜17時、10月〜3月は6時半〜、授与所は9時〜17時）休日 無休	所要時間 60分	48 5D3・4	
日前道具屋筋商店街	06-6633-1423　大阪市中央区難波千日前周辺 交通 御堂筋線・四つ橋線・千日前線/なんば駅→3分、千日前線・近鉄難波線/日本橋駅→5分	店舗により異なる	所要時間 30分	29 26B4	せ
泉布観（せんぷかん）	06-6208-5184　大阪市北区天満橋1-1-1 交通 JR東西線/大阪城北詰駅（1番出口）→10分、谷町線・堺筋線/南森町駅（3番出口）→15分	外観見学自由	※内部公開:年1回、例年3月に事前予約制で行われる（大阪市広報・HPを確認）10時〜16時 所要時間 10分 明治4年（1871）に建てられた、大阪では現存最古のもの。アイルランド人T・ウォートルスの設計。	— 20C3	
造幣博物館	06-6351-8509　大阪市北区天満1-1-79 交通 JR東西線/大阪天満宮駅（8番出口）→15分、谷町線・京阪本線/天満橋駅（北出口）→20分、谷町線・堺筋線/南森町駅（3番・4番出口）→15分	9時半〜16時45分（入館は〜16時） 休日 毎月第三水曜・桜の通り抜け期間・その他	入場無料 所要時間 30分	21 20C3	そ
太陽の塔	0120-1970-89　吹田市千里万博公園 交通 大阪モノレール/万博記念公園駅→10分	10時〜17時 休日 公園に準ずる	高校生以上720・中小生310円（別途万博記念公園内自然文化園入園料として高校生以上260・中小学生80円が必要） 事前予約制（太陽の塔入館予約サイトより前日までに予約、20名以上は4週間前までに電話予約、電話は水曜・年末年始休） ※現在は当日券も販売中。 所要時間 30分	39 38 4A2・3	た
ミスタードーナツミュージアム	06-6821-5000　吹田市芳野町5-32 交通 御堂筋線/江坂駅（8番出口）→10分	10時〜16時（入館は〜15時半） 休日 月曜（祝日の場合翌日）	無料（ドーナツ手作り体験は600円・ドーナツボールトッピング体験は200円） 所要時間 60分	43 4C4	
田辺三菱製薬史料館	06-6205-5100　大阪市中央区道修町3-2-10 交通 御堂筋線/淀屋橋駅（8・11出口）→8分、京阪本線/淀屋橋駅よりすぐ	10時〜17時（入館は〜16時半） 休日 土曜・日曜・祝日・会社の休日	入場無料（事前予約制） 所要時間 30分	18 16C3	
通天閣	06-6641-9555　大阪市浪速区恵美須東1-18-6 交通 堺筋線/恵美須町駅（3番出口）よりすぐ	8時半〜21時半（入場は〜21時） 休日 無休	高校生以上800・中学生以下400円（特別野外展望台「天望パラダイス」は別途） 所要時間 30分	31 30B2	つ
津波・高潮ステーション	06-6541-7799　大阪市西区江之子島2-1-64 交通 中央線・千日前線/阿波座駅（8・10番出口）→約2分	10時〜16時 休日 火曜（祝日の場合翌日）	無料 所要時間 団体予約の場合90分、個人見学は出入り自由	46 6D6	
露天神社（お初天神）	06-6311-0895　大阪市北区曽根崎2-5-4 交通 御堂筋線/東梅田駅→5分、JR東西線/北新地駅→5分、JR/大阪駅（御堂筋口）→7分	参拝自由（6時〜24時、授与所は9時〜18時）	所要時間 10分	14 12C3	
適塾	06-6231-1970　大阪市中央区北浜3-3-8 交通 御堂筋線/淀屋橋駅→5分、京阪本線/北浜駅→5分	10時〜16時 休日 月曜・祝日（祝日の場合は開館）	一般270・大高140円・中学生以下無料 所要時間 15分 幕末の蘭学医・洋学者の緒方洪庵の蘭学塾。福沢諭吉や大村益次郎、橋本左内、大鳥圭介ら、塾生多数。	— 16C2	て
天王寺公園（てんしば）	06-6773-0860　大阪市天王寺区茶臼山町1-108 交通 谷町線・御堂筋線/天王寺駅（3・4・5番出口）よりすぐ、JR大阪環状線/天王寺駅よりすぐ、近鉄南大阪線/阿部野橋駅よりすぐ	園内自由（7時〜22時） 休日 無休	所要時間 50分 園内には茶臼山古墳や大阪市立美術館、天王寺動物園、慶沢園、てんしばなどの施設がある	— 30B2	
天王寺動物園	06-6771-8401　大阪市天王寺区茶臼山町1-108　交通 御堂筋線/動物園前駅（1番出口）→5分、堺筋線/恵美須町駅（3番出口）→5分、谷町線/天王寺駅（5番出口）→5分	9時半〜17時　但し、5・9月の土日祝は〜18時（入園は1時間前まで） 休日 月曜（祝日の場合翌日）・他休	高校生以上500・中学生以下200円 所要時間 90分	32 30B2	
天保山大観覧車（てんぽうざん）	06-6576-6222　大阪市港区海岸通1-1-10 交通 中央線/大阪港駅（1番出口）→5分	10時〜22時（チケット販売は〜21時半、季節により異なる） 休日 海遊館に準じる	3才以上800円 所要時間 15分	34 34C1	
天満天神繁昌亭	06-6352-4874　大阪市北区天神橋2-1-34 交通 御堂筋線・堺筋線/南森町駅（4-B出口）→3分、JR東西線/大阪天満宮駅（7番出口）→3分	昼席は13時30分開場（14時〜16時半） 休日 9月の第1土曜・日曜	昼席（前売）:一般2500・学生1000円（朝席・夜席・当日券など別途） 所要時間 150分 落語専門の定席。大阪天満宮界隈にはかつて8軒の寄席があったという。	— 20B3	
道頓堀	06-6211-4542（道頓堀商店会事務局）　大阪市中央区道頓堀周辺 交通 御堂筋線/なんば駅→5分、近鉄南大阪線/近鉄難波駅→5分	店舗により異なる	所要時間 90分	26 26B2	と
東洋陶磁美術館	06-6223-0055　大阪市北区中之島1-1-26 交通 御堂筋線/淀屋橋駅・堺筋線/北浜駅→5分、京阪本線/淀屋橋駅・北浜駅→5分、京阪中之島線/なにわ橋駅よりすぐ	9時〜17時（入館は〜16時半） 休日 月曜（祝日の場合翌日）	一般500・大高300円・中学生以下無料（企画展・特別展の場合は別料金） 所要時間 60分	17 16D1	

※入館時間は記載時間とは異なる場合があります。駅からの所要分や物件での所要時間は目安です。
なお、記載内容は2019年11月現在のものです。各施設の事情により、料金・時間などは予告無く変更されることがありますので、事前のご確認をおすすめします。

65

	名称	電話・住所・交通（→は徒歩所要分）	時間・休み（年末年始は除く）	料金ほか
な	長居植物園	06-6696-7117　大阪市東住吉区長居公園1-23　交通御堂筋線／長居駅(3番出口)→10分、JR阪和線／長居駅(東出口)→12分	9時半〜17時(11月〜2月は〜16時半、入園は30分前まで)　休日月曜(祝日の場合翌平日)	高校生以上200円・中学生以下無料(植物園・自然史博物館共通券あり、一般300・高校生以上200円)　所要時間60分
	難波宮跡公園	06-6943-6836(難波宮調査事務所)　大阪市中央区法円坂1　交通御堂筋線・中央線／谷町四丁目駅(10番出口)→3分	入園自由(難波宮調査事務所資料展示室:9時〜17時　休日土曜・日曜・祝日)	無料　所要時間30分
	ナレッジキャピタル	06-6372-6530　大阪市北区大深町3-1　グランフロント大阪北館　交通JR／大阪駅・御堂筋線／梅田駅よりすぐ、四つ橋線／西梅田駅・阪神電車／大阪梅田駅→5分	10時〜21時(電話は平日10時〜17時)　休日不定休(店舗により異なる)	無料(一部有料イベントやセミナーあり)　所要時間40分　週替わりの無料ツアーあり(要予約)
	なんばグランド花月	06-6641-0888(劇場)　大阪市中央区難波千日前11-6　交通御堂筋線・千日前線／なんば駅(3番出口)よりすぐ、南海本線／難波駅よりすぐ	11時〜・14時半〜・土曜・日曜・祝日は9時45分〜・12時45分〜・15時45分〜※時期により公演時間は変更となる場合あり　休日無休	1階:4800円・2階:4300円(全席指定席)(学校団体は1階:4000円、2階:3700円)
に	ニフレル	0570-022060　吹田市千里万博公園2-1　EXPOCITY内　交通大阪モノレール／万博記念公園駅→2分	10時〜20時(季節により変更あり、入館は閉館の1時間前まで)　休日年1回設備点検の為臨時休館あり	高校生以上2000・中小学生1000円
	日本銀行大阪支店	06-6202-1111(見学申込みは右記)　大阪市北区中之島2-1-45　交通御堂筋線・京阪本線／淀屋橋駅(7番出口)よりすぐ、京阪中之島線／大江橋駅(6番出口)よりすぐ	午前の部(10時〜11時20分)・午後の部(13時半〜14時50分)　休日土・日・祝日・他	無料(事前予約制)　希望日の3ヶ月前の月の第1営業日から2週間前までに連絡(営業課:06-6206-7742、平日9時〜17時)　見学対象は小学校4年生以上で5〜40名のグループ　所要時間80分
	日本庭園	万博記念公園に同じ		所要時間60分
	日本民家集落博物館	06-6862-3137　豊中市服部緑地1-2　交通北大阪急行／緑地公園駅(西口)→15分	9時半〜17時(入館は30分前まで)　休日月曜(祝日の場合翌日)	一般500・高300・中小生200円　所要時間60分
は	花博記念公園鶴見緑地	06-6911-8787(鶴見緑地パークセンター)　大阪市鶴見区緑地公園2-163　交通長堀鶴見緑地線／鶴見緑地駅よりすぐ	山のエリアは9時〜17時半(11月〜3月は〜16時半)　休日無休	無料
	万博記念公園	0120-1970-89　吹田市千里万博公園　交通大阪モノレール／万博記念公園駅・公園東口駅→5分	9時半〜17時(入館は〜16時半)　休日水曜(祝日の場合翌日、4〜5月GW・10〜11月は無休)	日本庭園・自然文化園共通:高校生以上260・中小生80円　所要時間120分
ひ	ピースおおさか(大阪国際平和センター)	06-6947-7208　大阪市中央区大阪城2-1　交通中央線／JR大阪環状線／森ノ宮駅(1番出口)→5分	9時半〜17時(入館は〜16時半)　休日月曜・祝日の翌日・月末(祝日の翌日・月末が日曜日の場合、翌々火曜)	一般250・高150円・中学生以下無料　所要時間60分
へ	HEP FIVE 観覧車	06-6366-3634(お問い合わせ HEP FIVE)　大阪市北区角田町5-15　交通阪急／大阪梅田駅よりすぐ、JR／大阪駅→5分	11時〜22時45分(最終搭乗時刻)　休日不定休	600円(5歳以下無料)　各種サービスで1枚1000円で写真撮影可
ほ	豊國神社	06-6941-0229　大阪市中央区大阪城2-1　交通JR大阪環状線・中央線・鶴見緑地線／森ノ宮駅(西口)→10分	参拝自由(授与所は10時〜16時半)	所要時間10分
ま	舞洲スラッジセンター(下水汚泥処理施設)	06-6460-2830　大阪市此花区北港白津2-2-7　交通JRゆめ咲線／西九条駅より市バスに乗車、「アミティ舞洲」よりすぐ	10時〜・13時〜　【見学対応日】月・火・木・金、第2土(祝日の場合は第3土)のみ	入場料無料(事前予約制)　所要時間90分
	まほうびん記念館	06-6356-2340　大阪市北区天満1-20-5　交通谷町線・堺筋線／南森町駅・JR東西線／大阪天満宮駅(8番出口)→10分、京阪中之島線／天満橋駅(13号階段)→10分	10時〜12時・13時〜16時(入館は〜15時)　休日月曜日曜・祝日・会社の休日・他	入館料無料(事前予約制)　所要時間60分
み	水かけ不動(法善寺)	06-6211-4152　大阪市中央区難波1-2-16　交通御堂筋線・千日前線／なんば駅・御堂筋線・千日前線／日本橋駅(B16)よりすぐ	参拝自由(授与所は8時〜23時)	所要時間30分
	ミズノスポートロジーギャラリー	06-6614-8411　大阪市住之江区南港北1-12-35　交通ニュートラム／中ふ頭駅→5分、中央線・ニュートラム／コスモスクエア駅→10分	10時〜17時半　休日土曜・日曜・祝日・GW・夏期・他	入場無料　明治時代から未来のものまで様々なスポーツ用品を紹介。ミズノ契約選手が使用している用具に実際に触れることができる。
や	山本能楽堂	06-6943-9454　大阪市中央区徳井町1-3-6　交通谷町線・中央線／谷町四丁目駅(4番出口)→5分	公演により異なる	所要時間60分　大阪で一番古い能楽堂。通常の演目のほか、初心者向けの体験講座などがある。見学体験コースなどあり(要予約)
ゆ	湯木美術館	06-6203-0188　大阪市中央区平野町3-3-9　交通御堂筋線／淀屋橋駅(11番出口)→3分	10時〜16時半(入館は〜16時)　休日月曜(祝日の場合翌日)・10/16	一般700・大400・高300円・中学生以下無料　日本料理「吉兆」の創業者・湯木貞一氏が収集した茶道具を中心に展示
	ユニバーサル・スタジオ・ジャパン	0570-20-0606(インフォメーションセンター)　大阪市此花区桜島2-1-33　交通JRゆめ咲線／ユニバーサルシティ駅よりすぐ	日により異なる　休日不定休	スタジオ・パス:中学生以上7600〜・小学生5200円〜　ハリウッド映画の世界を余すところなく体験できるテーマパーク
よ	読売新聞大阪本社	06-6366-1532(広報宣伝部・見学担当)　大阪市北区野崎町5-9　交通JR／大阪・阪急・阪神・御堂筋線／梅田駅→15分、谷町線・堺筋線／南森町駅(1番出口)→10分	1日2回(11時半〜13時、13時15分〜14時45分)　休日土曜・日曜・祝日・他	無料　希望日の1週間前までに連絡(平日9時半〜17時)　所要時間90分
わ	ワッハ上方(上方演芸資料館)	06-6631-0884　大阪市中央区難波千日前12-7　YES・NAMBAビル7階　交通御堂筋線・千日前線／なんば駅→5分、近鉄難波線・阪神なんば線／大阪難波駅→5分、南海本線／難波駅→5分、JR関西本線／JR難波駅→10分	10時〜18時　休日月曜(祝日の場合翌日)	入場料無料　所要時間30分

名称	電話・住所・交通(→は徒歩所要分)	時間・休み(年末年始は除く)	料金ほか	参照頁地図
王子動物園	078-861-5624　神戸市灘区王子町3-1 交通 阪急神戸線/王子公園駅よりすぐ、JR神戸線/灘駅→5分、阪神本線/岩屋駅→10分	9時〜17時(11〜2月は〜16時半、入園は閉園30分前まで) 休日 水曜(祝日の場合は開園)	高校生以上600円・中学生以下無料 所要時間 120分 ジャイアントパンダとコアラを同時に見ることができる。園内には異人館の一つ旧ハンター住宅がある。	—60A1
神戸海洋博物館・カワサキワールド	078-327-8983　神戸市中央区波止場町2-2 交通 市営地下鉄海岸線/みなと元町駅→10分、JR神戸線・阪神本線/元町駅→15分、神戸高速/花隈駅→15分	10時〜17時(入館は〜16時半) 休日 月曜(祝日の場合翌日)	高校生以上600・中小生250円(神戸ポートタワー共通券は高校生以上1000・中小生400円) 所要時間 60分 船の仕組みや魅力、港の施設や歴史に触れる博物館。川崎重工グループの企業ミュージアムも併設。	—61A2
神戸華僑歴史博物館	078-331-3855　神戸市中央区海岸通3-1-1 KCCビル2階 交通 JR神戸線・阪神本線/元町駅(西口)→7分	10時〜17時(入館は〜16時半) 休日 日曜・月曜・火曜・祝日(特別展期間別)	一般300・大高中200円・小学生以下無料 所要時間 10分 神戸開港(1868)以来、神戸にやってきた華僑華人の視点で神戸の地域史を紹介。	—61B1
神戸港震災メモリアルパーク	078-327-8981(神戸観光局港湾振興部)　神戸市中央区波止場2 交通 JR神戸線・阪神本線/元町駅→12分、市営地下鉄海岸線/旧居留地・大丸前駅→10分	園内自由 休日 無休	所要時間 20分 阪神・淡路大震災の震災遺構。被災当時のままに保存されている。	—61B2
戸ドールミュージアム	078-327-4680　神戸市中央区三宮町3-1-17 交通 JR神戸線/元町駅(東口)→5分	10時〜18時 休日 水曜(祝日の場合翌日)	高校生以上600・中小生500円 所要時間 30分 世界の人形や機械仕掛け人形を集め、歴史・文化情報を発信している	—61B1
神戸ポートタワー	078-391-6751　神戸市中央区波止場町2-2 交通 市営地下鉄海岸線/みなと元町駅→5分、神戸高速/花隈駅→15分、JR神戸線・阪神本線/元町駅→15分	9時〜21時(12〜2月は〜19時、入場は30分前まで) 休日 無休	高校生以上700・中小生300円(海洋博物館共通券は高校生以上1000・中小生400円) 所要時間 20分 神戸港のシンボル。埋め立てが進む前は、ここが埠頭上であった。	—61A2
南京町	078-332-2896(南京町商店街振興組合事務局)神戸市中央区栄町通周辺 交通 市営地下鉄海岸線/旧居留地・大丸前駅よりすぐ、JR神戸線・阪神本線/元町駅→5分、阪急神戸線/神戸三宮駅→10分	店舗により異なる	所要時間 50分	6061B1
人と防災未来センター	078-262-5050　神戸市中央区脇浜海岸通1-5-2(HAT神戸内) 交通 阪神本線/岩屋駅・春日野道駅→10分、JR神戸線/灘駅(南口)→12分	9時半〜17時半(7月〜9月は〜18時、金曜・土曜は〜19時、ともに入館は1時間前まで) 休日 月曜(祝日の場合翌平日)	各館・一般600・大450・高校生以下無料 所要時間 60分	6060A2
兵庫県立美術館「芸術の館」	078-262-0901　神戸市中央区脇浜海岸通1-1-1 交通 阪神本線/岩屋駅→8分、JR神戸線/灘駅(南口)→10分、阪急神戸線/王子公園駅(東口)→20分	10時〜18時(特別展開催中の金・土曜は〜20時、入館は30分前まで) 休日 月曜(祝日の場合翌日)・他	一般500・大400円・高校生以下無料(特別展は別途料金) 所要時間 60分 日本を代表する建築家、安藤忠雄の設計による美術館。阪神・淡路大震災からの「文化の復興」のシンボルである。	—60A2
本願寺神戸別院(モダン寺)	078-341-5949　神戸市中央区下山手通8-1-1 交通 阪神本線/西元町駅よりすぐ、阪急神戸線/花隈駅(西口)→7分、市営地下鉄西神・山手線/大倉山駅→10分、JR神戸線/神戸駅→10分	参拝自由(9時〜17時45分) 休日 無休	所要時間 20分 インド仏教様式の斬新なデザインで知られる寺院。震災等を乗り越え、平成7年に再建された	—61A1
メリケンパーク	078-321-0085　神戸市中央区波止場町2-2 交通 JR神戸線・阪神本線/元町駅→15分、神戸高速/花隈駅→8分、市営地下鉄西神・山手線/県庁前駅→10分、市営地下鉄海岸線/みなと元町駅→5分	園内自由 休日 無休	所要時間 ハーバーランドを含めて120分 神戸ポートタワーや神戸海洋博物館、リゾートホテルなど景観が楽しい。神戸港を代表する景観の一つ。	—61A2

※入館時間は記載時間とは異なる場合があります。駅からの所要分や物件での所要時間は目安です。
※なお、記載内容は2019年11月現在のものです。各施設の事情により、料金・時間などは予告無く変更されることがありますので、事前のご確認をおすすめします。

行程計画ワークシート

見学スポット	見学のポイント・知りたいこと・聞きたいこと（質問リスト）
①	
②	
③	
④	

行程計画の作り方

1.出発地と出発時間・集合場所と集合時間、
  見学地①〜④を記入（チェックポイントなども）

2.乗車駅名・乗り物・下車駅名を記入
  （参考本書P10〜P11、P62〜P67）

3.乗車駅までと見学地までの徒歩時間を記入
  （参考本書P62〜P67）

4.各公共交通機関のHPから乗車時間・下車時間・
  移動時間・料金を記入

> Osaka Metro（大阪メトロ）
> https://www.osakametro.co.jp/
> JRおでかけネット
> http://www.jr-odekake.net/
> 阪急電車　http://rail.hankyu.co.jp/
> 京阪本線　http://www.keihan.co.jp/
> 阪神電車　http://rail.hanshin.co.jp/

5.見学地での見学所要時間と料金を記入
  （参考本書P62〜P67）

6.見学地の到着時間と出発時間を記入

7.費用を合計する

※行動計画は余裕をもって作成してください

出発地	到着　　時　　分	
	徒　歩（　　　分）	
駅　名	乗車　　時　　分	費用
乗り物	移動時間（　　　分）	
駅　名	下車　　時　　分	円
	徒　歩（　　　分）	
①見学地	到着　　時　　分	費用
	見学（　　　分）	
	出発　　時　　分	円
	徒　歩（　　　分）	
駅　名	乗車　　時　　分	費用
乗り物	移動時間（　　　分）	
駅　名	下車　　時　　分	円
	徒　歩（　　　分）	

②見学地	到着　　時　　分	費用
	見学（　　　分）	
	出発　　時　　分	円
	徒　歩（　　　分）	
駅　名	乗車　　時　　分	費用
乗り物	移動時間（　　　分）	
駅　名	下車　　時　　分	円
	徒　歩（　　　分）	
③見学地	到着　　時　　分	費用
	見学（　　　分）	
	出発　　時　　分	円
	徒　歩（　　　分）	
駅　名	乗車　　時　　分	費用
乗り物	移動時間（　　　分）	
駅　名	下車　　時　　分	円
	徒　歩（　　　分）	
④見学地	到着　　時　　分	費用
	見学（　　　分）	
	出発　　時　　分	円
	徒　歩（　　　分）	
駅　名	乗車　　時　　分	費用
乗り物	移動時間（　　　分）	
駅　名	下車　　時　　分	円
	徒　歩（　　　分）	
集合場所	到着　　時　　分	

	合計	分	％
移動時間	合計	分	％
見学時間	合計	分	％
昼食時間	合計	分	％
買い物・その他	合計	分	％
計画時間の総計	合計	分	100％

		費用合計
交通費	円	
見学料金	円	
昼食・飲み物代	円	
その他	円	円

修学旅行・校外学習トラブルの予防と対応

●出発当日に注意すること

☐ 集合時間に遅れないよう、早めに出発しよう。

☐ 朝起きて体調不良だったら、親や学校の先生に相談しよう。

☐ 万が一、遅れそうな時や遅刻する時は、すぐに連絡を入れよう。

●列車やバスでマナーや 注意すること

☐ 列車やバスの乗り降りは、あわてずに、すばやく行動しよう。

☐ 乗り物のなかでは、立ったり大声で騒いだりするのはやめよう。

☐ ゴミの投げ捨てはやめよう。

☐ 窓から顔や手を出さないようにしよう。

☐ 他の乗客に迷惑をかけないようにしよう。

☐ バスを降りるときに、運転手さんにお礼を言おう。

●見学するときの注意事項

☐ 先生や案内の方の説明をよく聞こう。

☐ 集合時間を守ろう。

☐ 事前にしっかりした計画を立て、ゆとりを持って行動しよう。

☐ 計画したコースを守り、予定を変更しないようにしよう。

☐ 公共物を大切にしよう。

☐ 草木を折らないようにしよう。

☐ 交通事故など、安全に注意して行動しよう。

☐ ゴミは指定の場所に捨て、ゴミ箱がない場合は持ち帰ろう。

☐ 食べ歩きはひかえよう（境内、建物内はすべて禁止）。

☐ 立ち入り禁止区域には入らないようにしよう。

☐ 展示してあるものを勝手にさわらないようにしよう。

☐ 撮影禁止の場所では写真をとらないようにしよう。

☐ 自主見学の昼食は班ごとに相談して決め、単独行動をしないようにしよう。

事故やケガ、犯罪やトラブルへの注意事項

☐ 道路を横断する時は、信号機や横断歩道のある場所で、十分に注意して横断しよう。

☐ 事故やけが、犯罪やトラブルに巻き込まれた場合は、すぐに近くの人に助けを求め、警察や担当の先生へ連絡しよう。

★緊急連絡は110番（警察）

★緊急の手当てを要するの怪我や事故の場合は救急車を呼ぼう。連絡は119番（消防・救急）。

※伝えること

　今の状況、今いる場所や目印になるもの（目立つ建物など）、

　学校名、自分の名前、自宅の電話番号、住所など。

お金や物をなくしたとき

☐ なるべく早く近くの警察署か交番に届ける。

☐ 電車、タクシーなどの乗り物、デパートなどでなくしたときは、その場所へも問い合わせる。

☐ 落し物が見つかったら、拾ってくれた人にお礼をする。（場合によっては、法律により値段の5
〜20％を払わなければならない）

★落とし物・忘れ物問い合わせ先
大阪メトロお忘れ物センター（0570-6666-24）
JR西日本お客様センターお忘れ物専用ダイヤル（0570-00-4146）
阪急電鉄交通ご案内センター（当日のみ）（0570-089-500）
地下鉄車内の忘れ物　京都市交通局 烏丸御池駅案内所（075-213-1650）
京阪電車お忘れ物センター（06-6353-2431）
阪神電車大阪梅田駅駅長室（06-6457-2267）

※上記の場所に連絡して、忘れ物の場所や日時に対応した正しい保管場所の問い合わせ先を確
認しよう。また、各営業所の休日・営業時間の制限などもあるので、早めに連絡をとろう。

旅館やホテルでの注意事項

☐ 部屋で大さわぎをしたり、廊下で大声をださない。

☐ ホテル・旅館にある置物や展示物で遊ばない。

☐ 旅館の備品は大切にあつかう。

☐ エレベータの使用は、指示に従う。

☐ 売店の品物をむやみにさわらない。

☐ 食事が終わったら片付けやすいように、食器を寄せておく。

☐ ホテルの廊下は、ゆかたやパジャマ姿で歩かない（指示に従うこと）。

☐ 部屋はきれいに使う。

☐ 各自の荷物の整理を心がける。

☐ 部屋で出たゴミは所定のゴミ袋にまとめる。

☐ 班長、室長の指示に従う。

☐ 遅くまで起きていない。

☐ 消灯時間になったら室外に出ない。

☐ 最終日に忘れ物をしないようにする。

☐ 観光地や旅館等で他校生と喧嘩にならないよう、言葉づかいや行動には十分に注意する。

修学旅行・校外学習中の地震の対処

今日起こるかも知れない地震。緊急事態に対する場所ごとの対処法を紹介します。

■屋外にいた場合

(1) 頭上に注意。(建物から離れるか、建物にくっつくかの判断をする)

(2) 車が突っ込んでくるかもしれない。(交通量の多い道路は歩道にいても危険性が高い)

(3) 陥没や亀裂から離れる。(足を取られてケガや避難が遅れる可能性)

(4) 水辺から離れる。
(海岸沿いだと津波に襲われる可能性)

■商業ビルや映画館にいた場合

(1) 窓際から離れ、姿勢を低くし、頭を保護する。(持っている荷物が近くにあるもので頭をカバーする)

(2) 停電に備える。
(暗闇の中でも移動できる準備をする)

(3) 火災に備える。(ビニール袋やハンカチなど煙から身を守る準備をする)

(4) パニックに巻き込まれない。
(絶対に出入り口に殺到しない)

(5) エレベーターに乗らない。

(6) あわてて逃げ出す必要はない。
(強い揺れが収まってから判断)

(7) 場内放送に注意する。
(係員の指示があればその指示に従う)

■地下街にいた場合

(1) 出口方向を確認する。

(2) 落下物に注意。

(3) 暗闇と有毒ガスに注意。
(火災で発生した有毒ガスには透明のビニール袋があれば頭からすっぽりかぶれば守ってくれる)

(4) 人の流れに身を任さない。(地下出口は数カ所ある)

■電車に乗っていた場合

(1) 自分の体勢の確保。
(急停車するか、脱線する可能性)

(2) 車内アナウンスに従うこと。
(日頃訓練している車掌か運転手の指示に従う)

(3) 非常用ドアコックを開ける。
(近くにいる人はドアを開ける)→車内アナウンスがなければ安全確認をして車外に脱出する。

(4) 非常ボタンを探す。(二重事故防止の為)

■エレベーターに乗っていた場合

(1) 全ての各階のボタンを押す。
(とりあえず外に出る)

(2) 止まっても冷静になる。

(3) 緊急用インターホンで管理者や外部に連絡。

■バスの中にいた場合

(1) 手すりやつり革につかまる。(事故の可能性)

(2) 運転手の指示に従う。
(大型バスなどは衝撃を吸収するサスペンションがついている比較的安全)

(3) 降車時は注意。(他の車が暴走、周囲の建物が倒壊している可能性)

■駅やホームにいた場合

(1) 頭を保護する。(持っている荷物が近くにあるもので頭をカバーする)

(2) 線路に下りない。(電車がくる可能性)
※線路に落ちた場合はホーム下の避難場所に駆け込むこと。

■新幹線にいた場合

(1) 窓際から離れ、姿勢を低くし、頭を保護する。(持っている荷物が近くにあるもので頭をカバーする)

(2) 乗務員の指示に従う。

■宿泊先にいた場合

(1) 窓際から離れ、姿勢を低くし、頭を保護する。(持っている荷物が近くにあるもので頭をカバーする)

(2) 従業員の指示に従う。
※ホテルの部屋には災害時の避難通路案内などが必ずありますので、部屋に着いたら、これらの資料に必ず目を通して置くようにしましょう。